Frank Grell

Der längste Urlaub deines Lebens

Wie es mit dem Wohlstand im Ruhestand klappt

Bibliografische Information der Deutschen Nationalbibliothek

Die Deutsche Nationalbibliothek verzeichnet diese Publikation in der Deutschen Nationalbibliografie; detaillierte bibliografische Daten sind im Internet über http://dnb.d-nb.de abrufbar.

ISBN 978-3-96739-128-2

Lektorat: Dr. Michael Madel, Ruppichteroth
Umschlaggestaltung: Guido Klütsch, Köln
Autorenfoto: Dominik Pfau
Satz und Layout: Lohse Design, Heppenheim | www.lohse-design.de
Druck und Bindung: Salzland Druck, Staßfurt

Wir drucken in Deutschland.

www.gabal-verlag.de
www.gabal-magazin.de
www.facebook.com/Gabalbuecher
www.twitter.com/gabalbuecher
www.instagram.com/gabalbuecher

PEFC-zertifiziert
Dieses Produkt stammt aus nachhaltig bewirtschafteten Wäldern und kontrollierten Quellen.

www.pefc.de

Inhalt

Vorwort

Liebe Leserin, lieber Leser,
dieses Buch möchte ein Reisebegleiter in deine Zukunft sein. Allerdings keine Urlaubslektüre, die im Liegestuhl vor Ort genossen wird, sondern ein Reiseplaner besonderer Art. Lies es so früh wie möglich. Am besten lange bevor der Urlaub beginnt, den ich meine: dein Ruhestand.

Urlaub und Beruf sind zwei Seiten derselben Medaille. Wer berufstätig ist, macht hin und wieder Urlaub. Wer einen Urlaub plant, ist berufstätig. Du bist also berufstätig, hast oder planst vielleicht schon eine eigene Familie und schaust dir deine Zukunft gern genau an. Du bist motiviert, dein privates und berufliches Leben nach deinen Vorstellungen zu gestalten, entscheidest vorausschauend und umsichtig.

Gilt das auch für deinen Ruhestand?

Aus meiner beruflichen Praxis weiß ich: Sobald es um die finanzielle Seite des Ruhestandes geht, wird es für viele Menschen kniffelig. Das hat etwas mit deiner persönlichen Nähe oder Ferne zum Thema »Geld«, deinen Empfindungen rund um Wohlstand, deinem Selbstvertrauen beim Anlegen und dem Umgang mit Zahlen zu tun. Erstaunlich oft spielen Gefühle und (unkritisch) übernommene Meinungen mit hinein. Schon das Wort Altersvor-Sorge löst unangenehme Assoziationen aus. Wenn in dem Zusammenhang auch noch vom Sparen die Rede ist, schrillen bei vielen die emotionalen Alarmsirenen.

Tatsächlich reicht es nicht aus, zu wissen, wie und mit welchen Anlageformen man ein Vermögen bilden könnte. Man muss es auch tun. Das sagt sich so leicht. So einfach es klingt – so schwierig ist es oftmals in der Praxis, ins Handeln zu kommen. Hast du das an dir selbst schon wahrgenommen – diese Hindernisse, die dich davon abhalten, etwas für dich zu tun? Diese ewigen Killerargumente, die verhindern, dass aus deiner guten Idee eine erfolgreiche Umsetzung wird?

Wenn du an diesem Punkt bist und nicht nur nach Informationen über Anlagestrategien suchst, dann wirst du in diesem Buch fündig. Ich möchte dir gern zeigen, wie du deinen Ruhestand so vorbereitest, dass er nicht nur dein längster, sondern auch dein schönster Urlaub werden kann.

Damit sich das Buch leichter liest, verzichte ich – bis auf wenige Aus-nahmen – auf genderkonforme Schreibweisen, weil sie den Gedankenfluss bremsen. Ich werde dich, meine weibliche Leserin, an vielen Stellen direkt ansprechen, denn mein Thema geht dich in besonderer Weise an. Fühle dich bitte unbedingt auch dort angesprochen, wo eine männliche Form gewählt wird. Und umgekehrt solltest du, lieber männlicher Leser, auch die Seiten aufmerksam wahrnehmen, die speziell an Frauen gerichtet sind.

Viel Spaß beim Lesen und Schmieden deiner eigenen Urlaubspläne!
Frank Grell

Einleitung –
das Leben, ein Traum

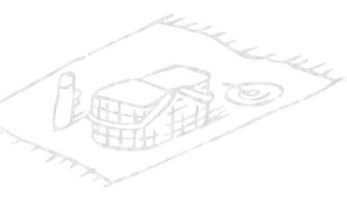

Ich liege am Strand, lausche den Wellen und bin einfach glücklich: Unsere drei Teenagertöchter sind – entgegen ihrer anfänglichen Weigerung – nun doch mit uns in Urlaub gefahren und sonnen sich friedlich auf ihren Liegestühlen. Meine Frau liest einen Roman und sieht sehr erholt dabei aus. Die Stimmung ist gut. Gestern Abend haben wir auf der Terrasse unseres Ferienhauses gesessen, frischen Fisch genossen und den Blick übers Meer schweifen lassen. Ich fühle mich im Reinen mit mir, meinem Leben und meiner Familie. Alles ist genau so, wie es sein soll. Nur eines ist schade: dass der Urlaub in fünf Tagen vorbei sein wird und wir im Flieger nach Hause sitzen werden, auf dem Weg zurück ins regnerische Norddeutschland.

Doch die Vorstellung kann mich nicht erschüttern. Vielmehr muss ich lächeln, während ich den warmen Sand durch meine Finger rinnen lasse. Denn ich weiß, dass ich solche Reisen in nicht allzu ferner Zukunft ohne Rückflugticket buchen werde. Keine Arbeit, keine Verpflichtungen werden mich zurückzwingen. Keine Fremdbestimmung wird mich daran hindern, zu tun, was ich möchte. Ich werde selbst entscheiden können, wie lange ich wo meine Zeit verbringe. Warum?

Nun, ich werde im Ruhestand sein – und es wird der längste Urlaub meines Lebens werden. Denn ich habe alle Weichen gestellt, um nach meinem Abschied aus dem Berufsleben eine sorglose Zeit zu genießen.

Wovon träumst du?

Träume sind etwas ganz Persönliches. Wie sehen deine aus? Träumst du von einer Weltreise auf einem Kreuzfahrtschiff oder im Wohnmobil? Einem Häuschen im Grünen oder einem Pony für deine Enkel? Oder wünschst du dir ganz einfach, dass du dir über Geld im Alter keine Gedanken machen musst? Möchtest du dich – unbeschwert und ohne vorab einen Blick ins Portemonnaie zu werfen – mit Freunden treffen, Ausflüge machen und das Leben genießen können? Träum ruhig! Das ist genau die Vision, die du brauchst, um wirklich ins Handeln zu kommen.

Oder hast du noch gar keine klare Vorstellung davon, wie du deinen Ruhestand verbringen willst? Keine Sorge, da geht es dir wie vielen. Ich werde dir helfen, dir dein Traumleben in allen Einzelheiten auszumalen und dann Schritt für Schritt in die Umsetzung zu gehen.

Vielleicht ist das Thema »Altersvorsorge« für dich im Moment wenig konkret und wird von dir nach hinten geschoben? Ich möchte dir dabei helfen, das zu ändern. Wer wie meine Frau und ich drei Töchter gut durch ihre Teenagerjahre begleitet hat, weiß, wie man Menschen zu etwas anspornt, auf das sie von sich aus nicht die geringste Lust haben. Darum bin ich völlig überzeugt, dass es dir Freude machen wird, dich ab jetzt um dein Alter und deinen Wohlstand im Alter zu kümmern.

So funktioniert es!

Meine Frau und ich wollten unsere Töchter gern noch mal im Familienurlaub dabeihaben. Unsere Töchter waren zunächst nicht so begeistert von der Idee. Eines Abends haben wir die Mädchen zusammengetrommelt und sie mit der Nachricht überrascht, dass sie die gesamte Urlaubsplanung übernehmen dürfen. Sie durften das Reiseziel aussuchen, auch die Unterkunft und alles, was sonst noch dazugehört.

Was glaubst du, wie reagieren drei Teenager, wenn sie plötzlich die Entscheider sind? Erst einmal erstaunt – und dann stürzen sie sich mit Feuereifer in die Sache. Streiten sich lautstark über das Reiseziel und einigen sich dann doch ganz schnell auf diese herrliche Insel im Mittelmeer. Checken im Netz die besten Hotels, schauen auf Instagram nach den schönsten Stränden und freuen sich wie die Schneeköniginnen, wenn sie uns vor Ort mit dem tollen Ergebnis überraschen. So viel Engagement und Eifer zeigen sie nicht alle Tage. Die drei haben etwas gelernt – und ich konnte etwas für meine Arbeit daraus mitnehmen. Davon kannst auch du gern profitieren.

Angst vor Wohlstand?

Ich habe nicht nur eine großartige Familie, sondern auch zwei interessante Berufe, die sich ergänzen und in denen ich meine unterschiedlichen Begabungen nutzen kann. Als Finanz- und Versicherungskaufmann arbeite ich mit Menschen an ihrer Sicht auf Lebensrisiken und ihren Möglichkeiten, ihnen rechtzeitig zu begegnen. Als Mental Coach, Speaker und Trainer zeige ich ihnen, wo Angst und unbewusste Denkmuster sie blockieren.

»Angst wovor?«, fragst du dich vielleicht. Glaub mir: Die meisten Menschen haben innere Blockaden, wenn es darum geht, die für sie beste Lösung zu erkennen und den Weg zu einem leichteren, glücklicheren Leben einzuschlagen. Ich zeige ihnen Methoden, wie sie den inneren Schalter umlegen und sich selbst grünes Licht für ein besseres (Berufs-)Leben geben können.

Das betrifft den innigen Wunsch, glücklich und unbeschwert zu leben, die Kraft, wichtige Entscheidungen auf Basis der eigenen Intuition zu fällen, und nicht zuletzt die grundlegende Einstellung zum Geld und zu der Frage, wie man es verdient.

Über die Jahre habe ich sehr unterschiedliche Menschen und deren Glaubenssätze zu Geld und persönlichem Wohlstand kennengelernt. Bei aller Verschiedenheit entdeckte ich dabei immer wieder erstaunliche Übereinstimmungen. Erstaunlich vor allem deshalb, weil von diesen Einstellungen unglaublich viel abhängt. Und doch werden sie von den meisten Menschen nicht wahrgenommen oder nicht bewusst angeschaut. Dabei sind sie für viele im wahrsten Sinne des Wortes von existenzieller Bedeutung. Und die Zahl derer, die das betrifft, steigt von Jahr zu Jahr. Leider.

Den inneren Schalter umlegen

Ich möchte mit dir über deine Zukunft und deinen Ruhestand nachdenken, also die Zeit in deinem Leben, wenn deine Berufstätigkeit beendet ist. Wenn deine Rente, Pension oder private Anwartschaften und dein Vermögen ausreichen müssen, um alles Weitere zu bezahlen.

Trotzdem macht sich fast niemand, den ich treffe, darüber Gedanken, und viele lehnen es sogar ausdrücklich ab. Geht es dir auch so? Das wäre fatal. Denn die Folgen davon sind später nicht wieder gutzumachen. Das möchte ich dir gern ersparen. Und ich möchte dich ins Handeln bringen.

Als Mental Coach vermittele ich den Menschen Impulse, die sie dazu bringen können, eigene innere Hindernisse wahrzunehmen und zu überwinden. Die Kraft liegt in jedem von uns bereit. Wir kommen nur manchmal nicht allein daran, wir können sie nicht ohne Hilfe entfalten und für uns nutzen. Ich habe für das Lösen der inneren Bremsen, die uns so sehr schaden können, eine Vielfalt von praktischen Methoden, Geschichten und Beispielen gesammelt, die ich mit dir teilen möchte. Du findest sie in diesem Buch und kannst dir daraus das für dich Wichtige heraussuchen.

Mein Ziel mit diesem Buch ist es, dir dabei zu helfen, deine inneren Hindernisse rund um die Themen Geld, die Vorsorge für dich und deinen Wohlstand im Alter zu erkennen und zu überwinden.

Warum ich überzeugt bin, dass dieses Ziel für dich so wichtig ist, werde ich dir ebenso erklären wie den Weg dorthin. Lass dich von mir einladen, den längsten Urlaub deines Lebens mit ebenso viel Vorfreude zu planen wie die Urlaube, die du auf dem Weg dorthin machen wirst.

Wenn du den gedanklichen Weg mit mir gehst, wirst du deine finanzielle Sicherheit im Alter mit ganz neuen Augen sehen. Du wirst es gut mit dir meinen und dich selbst belohnen wollen und können. Du wirst dich gern selbst beschenken und Gutes für dich vorbereiten. Du wirst deinen Wert neu wahrnehmen und selbstbewusst und erfolgreich das für dich fordern und annehmen, was dir zusteht. Du wirst glücklicher und wohlhabender werden. Dorthin werde ich dich begleiten.

Urlaubsfreuden – es geht auch ohne Stress

Du fragst dich vielleicht, warum ich das Bild vom Urlaub bemühe, wenn ich doch eigentlich vom Ruhestand sprechen möchte. Ganz einfach: Es passt perfekt zu dem, was ich dir zeigen möchte.

Wir Deutsche lieben Urlaub und sind Reiseweltmeister. Wenn wir an Urlaub denken, haben wir schöne Bilder im Kopf. Wir mögen uns gern mit dem Thema befassen und freuen uns sogar auf die Planung.

Wie ich es bei unseren Töchtern beobachten konnte, ist die Vorbereitung ein wichtiger Teil der Urlaubsfreuden. Das Träumen, die ungetrübte Vorfreude sind einfach schön. Geht es dir auch so? Du schwelgst in den vielen Möglichkeiten, die dir offenstehen. Wo es früher nur bunte Reisekataloge gab, eröffnet das Internet heute unendlich mehr überwältigende Zielorte auf der ganzen Welt. Schnell klickst du dich von Kontinent zu Kontinent, kannst auf Plattformen und Portalen Informationen und Anregungen sammeln, um dich von immer neuen Reisezielen anlocken und verführen zu lassen.

Ich kenne viele, die schon ein Jahr im Voraus ihre Urlaubstage im Kalender vormerken und auf ihre Urlaubsziele verteilen. Frühbucher-Rabatte werden genutzt und schnell die tollsten Angebote gebucht, bevor jemand anderes sie wegschnappt. Es werden Visa beantragt, damit nichts schiefgeht, Reiseversicherungen abgeschlossen und, wenn es sein muss, Pflicht- oder empfohlene Impfungen akzeptiert (und zwar ohne Einwände!). Für einen großartigen Urlaub ist kein Aufwand zu groß. Er wird gern betrieben und die ganze Zeit von dem guten Gefühl begleitet, sich etwas richtig Schönes zu gönnen.

Dabei kann es, nüchtern betrachtet, regelrecht in Stress ausarten, von der eigenen Haustür bis zum Eingang des Hotels zu kommen. Man muss rechtzeitig an alles denken: Wie bezahle ich vor Ort? Wie viel Geld muss ich zur Verfügung haben? Was nehme ich mit? Was passt in den Koffer? Wie viel wiegt das? Habe ich alles? Wie komme ich zum Flugzeug, zur Bahn, zum Schiff? Oft bedeutet es Aufstehen zu nachtschlafender Zeit, um rechtzeitig am Flughafen einchecken oder Bahn und Schiff erreichen zu können. Dann folgen anstrengend lange Anreisen. Die Unterbringung in Flugzeug oder Bahn ist meist wenig komfortabel: Es ist eng und man sitzt weitgehend unbeweglich neben prustenden, hustenden, schwitzenden Nachbarn, die sich laut unterhalten. Und als Urlauber sind wir dem Geschick von Pilot oder Zugführer auf Gedeih und Verderb ausgeliefert, was auch nicht jeder genießt. Am Reiseziel gilt es, das Gepäck wiederzufinden und den Transfer zur Unterkunft nicht zu verpassen, Schlange stehen, um einzuchecken, und dann endlich auszupacken.

So und ähnlich läuft für viele der Start in den heiß ersehnten Urlaub ab. Und obwohl das besonders für die reiseerfahrenen unter den deutschen Touristen natürlich kein Geheimnis ist, kann nichts sie davon abhalten, sich diesen Zumutungen immer wieder auszusetzen. Warum? Weil sie ihr (Reise-)Ziel vor Augen haben, das am Ende auf sie wartet und jedes Hindernis überwindbar macht!

Sobald wir das schöne Ziel vor Augen haben, wird jedes Hindernis auf dem Weg dorthin überwindbar.

Denn jetzt – am Urlaubsort angekommen – beginnen für uns die Entspannung und das Glück, die wir uns all die Zeit vorher ausgemalt haben. Wir können tun, was wir wollen, und lassen, was im Arbeitsalltag keinen Platz hat und für das wir keine Zeit haben. Wir genießen sorglos das Hier und Jetzt in einer Umgebung, die uns gefällt, und drehen nicht mehr jeden Cent um. »Wir haben schließlich Urlaub!«

Wir sind stolz auf das, was wir uns gönnen, machen Fotos und teilen sie mit denen, die zu Hause geblieben sind. Wir sind aufgeschlossen für neue Bekanntschaften, die sich für dasselbe Urlaubsziel entschieden haben wie wir. Das Leben fühlt sich herrlich an.

Zurück im Alltag bleiben schöne Erinnerungen und der Wunsch, diese wunderbare Zeit bald wieder zu erleben. Möglichst bald – möglichst lange. Die Vorfreude auf den nächsten Urlaub beginnt nicht selten schon auf der Rückreise nach Hause.

Dein längster Urlaub

Freust du dich auf deinen nächsten Urlaub?

Was für eine Frage! Natürlich freust du dich. Raus aus dem Alltag, weg von den ewig gleichen Routinen, den nervenden Staus, der Hektik, dem Stress und dem Druck bei der Arbeit. Statt Alltagsgrau jede Menge Sonne und Palmenstrand – oder was immer für dich den Urlaub zum Paradies macht. Keine Pflichten und die Freiheit, einfach in den Tag hineinzuleben, wie es dir gerade einfällt und guttut. Herrlich! Schade nur, dass diese wunderbare Zeit immer viel zu schnell vorüber ist. Und dann wartet wieder der Alltag mit all seinen Belastungen und Einschränkungen auf dich.

Wie lange dauert dein Urlaub üblicherweise? Eine oder zwei Wochen? Drei Wochen oder einen ganzen Monat? Wäre vielleicht sogar ein ganzes Sabbatjahr etwas für dich? »Je länger, desto besser« – ist das deine Devise? Träumst du davon, was du in dieser langen Zeit machen würdest? Fantastische Sache! Wenn da nur nicht der Job, das Geld, die Schule der Kinder und all diese Dinge des Alltags wären!

Urlaub geht immer! Wir planen, wir sparen, räumen tausend organisatorische Hindernisse aus dem Weg und freuen uns auf diese schönsten Wochen des Jahres. Egal, wie eingespannt wir ansonsten in unserem Alltag sind. Für Urlaub haben wir Zeit und Kraft. Liebevoll, umsichtig und engagiert bereiten wir unser persönliches kleines Paradies für diese Zeit vor, in der wir nicht arbeiten müssen, sondern müßig von den Früchten unserer Arbeit leben. Und gleich, wie knapp das Geld bei uns ist: Für den nächsten Urlaub bleibt auf geheimnisvolle Weise immer genug davon übrig.

»Wenn das Wörtchen *wenn* nicht wär …«

Wie lange der Urlaub auch gedauert hat, eines begleitet deine Rückkehr nach Hause ganz bestimmt: die Sehnsucht nach dem nächsten Urlaub. Träumst du manchmal davon, viel länger Urlaub zu machen und dir tatsächlich alles leisten zu können, was dir Spaß macht? Die Freiheit wäre großartig – und wenn es nicht am Geld fehlt, wäre es perfekt. Tja, »wenn das Wörtchen *wenn* nicht wär', wär' ich längst schon Millionär«. Also muss der berühmte Lottogewinn her. Oder eine bisher unbekannte Erbtante bestimmt dich zum Empfänger ihrer Millionen. Auch das ist ein schöner Traum! Aber wie wahrscheinlich ist es, dass er wahr wird?

Für den Lottogewinn kann ich dir eine genaue Zahl sagen: Die Wahrscheinlichkeit, den Hauptgewinn im Lotto zu bekommen, liegt bei

- 0,00000072 Prozent oder
- 1 zu 139 Millionen 838 Tausend 160.

Das ist wirklich eine sehr, sehr, sehr geringe Chance. Du kannst dir unter der Zahl nichts vorstellen? Ich habe ein paar Vergleiche gefunden, die es dir leichter machen, diese unglaubliche Zahl einzuordnen. Es ist sehr viel wahrscheinlicher,

- vom Papst heiliggesprochen zu werden (1 zu 20 Millionen),
- Mutter von eineiigen Vierlingen zu werden (1 zu 15 Millionen),
- Präsident der USA zu werden (1 zu 10 Millionen),
- vom Blitz getroffen zu werden (1 zu 3 Millionen),
- als Hollywoodstar Karriere zu machen (1 zu 1,5 Millionen),
- bei den Olympischen Spielen Gold zu holen (1 zu 662 Tausend),

als im Lotto den Hauptgewinn abzuräumen. Selbst, wenn keines dieser Ereignisse von dir angestrebt wird, vermitteln sie dir sicherlich ein Gefühl dafür, wie wenig der Lottogewinn als Lösung deiner finanziellen Wunschträume in Betracht kommt. Und wie wahrscheinlich es ist, dass du eine dir bisher unbekannte sehr reiche Erbtante hast, weiß ich leider nicht.

Dein längster Urlaub ist der Ruhestand

Was ich aber genau weiß, ist, dass du einen Urlaub erleben wirst, dessen Länge alles übertreffen wird, was du dir bisher gegönnt hast. Wenn du richtig langen Urlaub toll findest, wirst du dich freuen, dass vor dir ein Urlaub liegt, der im statistischen Durchschnitt bei unseren heutigen Lebenserwartungen rund 20 Jahre dauert. Das ist doch etwas, worauf du dich freuen kannst!

Ich meine damit deinen Ruhestand, wenn du von allen beruflichen Pflichten frei bist und nicht mehr arbeitest, sondern von deiner Rente und deinen Rücklagen lebst. Unser Ruhestand gleicht in vielem einem etwa 20 Jahre dauernden Urlaub. Wir müssen, wollen oder können dann nicht mehr arbeiten und werden von den Früchten unserer Arbeit (hoffentlich komfortabel) leben. Seltsamerweise aber beschäftigt sich kaum jemand gern (und rechtzeitig) mit dem, was sie oder ihn im Ruhestand erwartet. Dabei dauert unser längster Urlaub, unser Ruhestand, viel länger als jeder zuvor erlebte Urlaub. Und entsprechend wichtig ist es, die Frage nach der Urlaubskasse für diese zwei Jahrzehnte nicht einfach auszublenden, sondern früh- und rechtzeitig zu bedenken.

Wartest du trotzdem noch auf das große Los? Oder nimmst du deine Zukunft – auch finanziell – lieber selbst in die Hand?

Urlaubs-Checklisten im Vergleich

So könnte die Checkliste[1] für deine nächste Urlaubsreise aussehen:

Vorher besorgen	Auslandskrankenversicherung, internationaler Führerschein, Geld wechseln und noch 13 weitere Unterpunkte
Vorher kümmern	Ausweise checken, Geheimnummern merken, Zeitung abbestellen und noch 20 weitere Unterpunkte
Kosmetik/Körperpflege	Sonnenmilch, Zahnbürste, Duschzeug und noch 32 weitere Unterpunkte
Medizin	insgesamt 38 Unterpunkte
Kleidung	insgesamt 43 Unterpunkte
Kommunikation	insgesamt 16 Unterpunkte
Für Erwachsene	insgesamt sechs Unterpunkte
Baby/Kleinkinder	insgesamt 59 Unterpunkte
Strand/Sonne	insgesamt 24 Unterpunkte
Winter/Ski	insgesamt 28 Unterpunkte
Tiere	insgesamt neun Unterpunkte
Auto	insgesamt 31 Unterpunkte
Fahrrad	insgesamt zehn Unterpunkte
Sport	insgesamt sieben Unterpunkte
Camping	insgesamt 51 Unterpunkte
Kleinkram	insgesamt 74 Unterpunkte
Ganz wichtig	insgesamt 19 Unterpunkte
Handgepäck	insgesamt 14 Unterpunkte
Zu Hause	insgesamt 17 Unterpunkte
Im Urlaub	insgesamt drei Unterpunkte

Das sind 20 Themen mit über 500 Unterpunkten, die du vermutlich an mancher Stelle individuell sogar noch ergänzen würdest.

Und so sieht bei den meisten die Checkliste für den Ruhestand aus:

Vorher kümmern	Geht jetzt nicht, weil …
Im Ruhestand	Auweia!

Der Blick in deine Urlaubskasse

Viele Menschen tun sich erstaunlich schwer, über ihren Ruhestand nach-zudenken und für ihren Ruhestand vorzusorgen. (Durchaus berechtigte) Sorgen vor Altersarmut werden verdrängt. Konkrete Anwartschaften werden nicht mit dem erwünschten Lebensstandard verglichen. Manche rechnen sich ihr Haben schön.

Vielleicht denkst du gerade: Es ist ja noch so lange bis dahin! Gerade für junge Menschen, für die die Rente noch in weiter Ferne liegt, ist es aber unverzichtbar, planvoll an die Zeit nach ihrer Erwerbstätigkeit heranzu-gehen. Denn für sie wird unser bestehendes Rentensystem einfach nicht mehr funktionieren. Deshalb möchte ich dich einladen, auf den nächsten Seiten einen Blick in deine Urlaubskasse für den längsten Urlaub in deinem Leben zu werfen.

Mit Humor und vielen anschaulichen Beispielen aus meiner Coachingpraxis möchte ich dir erklären, warum du den Blick in deine Urlaubskasse in diesem Fall bisher gescheut hast und wie du deinen eigenen inneren Widerständen mit positiven Lösungen begegnen kannst.

Mein Ziel ist es, dir Mut zu machen, den Weg in ein finanziell entspanntes Alter zu gehen, das von einem Sahnehäubchen namens Lebensglück ge-krönt wird.

Hauszelt oder Fünfsternehotel?

Bei der Urlaubsplanung wollen wir ganz genau wissen, was wir für unser Geld bekommen. Wer es sich leisten kann, greift in die Vollen und entscheidet sich für persönlichen Luxus. Manchmal aber diktiert das Portemonnaie etwas anderes. Wir machen Abstriche und nehmen manches in Kauf, weil wir nicht auf den Urlaub verzichten wollen.

Mit den Jahren steigen die Ansprüche und der Wunsch nach mehr Komfort wird immer selbstverständlicher. Wer in der Schulzeit noch gern als Backpacker unterwegs war und problemlos auf einer Luftmatratze nächtigte, wird als gesetzter Senior vermutlich ein bequemes Bett vorziehen. Statt sättigender einfacher Kost soll es in späteren Jahren gern ein erlesenes Menü und dazu ein edler Wein sein. »Genießen statt einfach nur satt werden« heißt die Devise. Es gibt weite Spielräume dafür, die durch eigene Wünsche und das Geld, das man auszugeben bereit ist oder zur Verfügung steht, ausgelotet und gewichtet werden.

Noch ein paar Lebensjahre später kommen Befindlichkeiten dazu, die höheren Komfort unverzichtbar machen. Die Mobilität hat vielleicht gelitten. Auf eine labile Gesundheit oder Krankheiten und Medikamente muss Rücksicht genommen werden. Vielleicht müssen Vorkehrungen bei der Ernährung oder bei ärztlicher Versorgung und Therapien vor Ort getroffen werden.

Persönliche Vorlieben und Angewohnheiten sind in späten Jahren kaum noch verhandelbar, sondern wollen unbedingt befriedigt werden. »Ruhe« ist ein typisches Bedürfnis des Alters. Statt preiswerter Pauschalreisen mitten hinein in den Trubel überlaufener Tourismus-Hochburgen wünscht sich das gesetzte Alter eher die Stille eines exklusiven Resorts mit dicken Teppichen und einem wunderbar geräuschlosen Service.

Hochbetagte Reisende erwarten daher in der Regel sehr viel von ihrem Urlaub und greifen dafür entsprechend tief in die Tasche. Oder sie bleiben zu Hause, wo sie alles so vorfinden, wie es ihren Bedürfnissen entspricht.

Gut, wenn es so ist. Schlimm, wenn nicht! Jedem dritten Deutschen, der 45 Jahre lang in Vollbeschäftigung arbeitet, droht im Alter eine Rente von unter 1.300 Euro. Brutto. Nach Abzügen liegen Arbeitnehmer, die im Monat 2.800 Euro verdienen (und damit auf 1.300 Euro Brutto-Rente kommen), nach einem ganzen langen Arbeitsleben damit nur wenige Hundert Euro über Hartz IV.[2] Und das ist doch ein gewichtiger Grund, den längsten Urlaub des Lebens ganz besonders genau zu planen.

Wie sieht es mit deinem längsten Urlaub aus?

Deine Urlaubskasse namens Rente[3] muss für den längsten Urlaub deines Lebens reichen. Was bekommst du dafür? Reicht dein volles Gehalt, also 100 Prozent netto, schon heute kaum für alles, was du bezahlen musst oder möchtest? Hast du Monat für Monat – nicht nur, wenn einmal besondere Ausgaben notwendig waren – das Gefühl des Mangels und fürchtest dich, nicht über die Runden zu kommen? Wie willst du dann mit der knappen Hälfte davon leben?

Selbst, wenn es dir heute gut geht und du sorgenfrei von deinen monatlichen Einkünften deinen Lebensstandard finanzieren kannst – nimm dir in Gedanken mehr als die Hälfte davon weg und schau, wie es dann bei dir aussieht. Es reicht noch immer? Sehr schön: Bedenke aber, dass unverzichtbare Ausgaben wie Miete, Energie, Lebensmittel und nicht zuletzt Kranken- und Pflegeversicherung schnell teurer werden.

Das Rentenniveau hält damit nicht Schritt. Was heute noch finanzierbar ist, kann zum Zeitpunkt deines Renteneintritts unbezahlbar für dich geworden sein. Wenn du all das bedenkst: Wie sieht es dann wirklich mit deinem Komfort im Ruhestand aus?

Und dann ist da noch die Rente selbst, die gar nicht so sicher ist, wie mancher gern behauptet. Dazu eine kleine Anekdote:

> Meine Tochter wollte von mir wissen, was eine Rentenlücke ist, von der ich erzählt hatte. Ich habe mir ihren Schokoriegel geschnappt und gut die Hälfte davon abgebissen. Sie hat den Rest fassungslos angeschaut und sofort verstanden.

Es geht nicht darum, Angst zu verbreiten. Aber eine realistische Einschätzung der Situation ist auf jeden Fall erforderlich. Nur wer die Ist-Situation genau durchschaut, kann einen tragfähigen Plan für den längsten Urlaub des Lebens fassen und umsetzen.

Ihr verreist … und eure Kinder bleiben zu Hause?

Lass uns zum Bild von der Urlaubsreise zurückkehren. Wir haben schon gesehen, dass es allerlei zu bedenken gibt, wenn eine Urlaubsreise geplant wird. Wer zum Beispiel ein Haustier hat, muss schauen, dass er es entweder mitnehmen oder zu Hause versorgen lassen kann. Das schränkt die Auswahl manchmal sehr ein.

Etwas anderes ist es, wenn du schon eine Familie gegründet hast (oder das gern tun möchtest). Eure Kinder nehmt ihr doch sicherlich mit in den Urlaub, oder? Für viele Berufstätige sind diese Wochen die einzigen im Jahr, in denen sie sich entspannt mit ihrem Nachwuchs eine schöne Zeit machen können. Die Jahre der Kindheit vergehen so schnell – ich weiß das aus eigener Erfahrung. Ich finde, man sollte sie auskosten. Ein gemeinsamer Urlaub ist dafür eine ideale Zeit.

So, wie ihr eure Familienurlaube plant, in denen eure Kinder zu ihrem Recht und Spaß kommen, so solltet ihr es auch mit dem längsten Urlaub eurer Kinder halten – mit ihrem Ruhestand.

Wie bitte? Unser Erstgeborenes ist doch gerade mal sechs Monate alt!

Herzliche Glückwünsche nachträglich zur Geburt eures Kindes! Aus meiner Sicht ist jetzt die perfekte Zeit, um sich langfristige Gedanken zum Wohle des Kleinen zu machen. Du wirst durch Erziehung und Vorbildsein die Weichen dafür stellen, welche Möglichkeiten dein Kind später einfach nutzen kann und wo es über Hürden hinwegklettern muss. Mach dir das heute schon bewusst und handle danach.

Bereite alles dafür vor, damit euer Kind eine leichte Reise auf dem Weg zu seinem eigenen längsten Urlaub hat. Ja, Bildung und Berufsauswahl sind auch wichtig. Ungleich wichtiger aber ist die innere Haltung zum Geld und zum Wohlstand, sind Mut und Selbstvertrauen. Dazu werde ich später mehr sagen.

Die Zukunft deiner Urlaubskasse

Deine Rente, also die Reisekasse für deinen längsten Urlaub, basiert auf Solidarität und auf der nicht länger zutreffenden Vorstellung, dass die jeweils nachwachsenden Generationen von Arbeitnehmern in der Lage sind, mit ihren Rentenversicherungsbeiträgen die Anwartschaften der aktuellen Rentner zu finanzieren. Es fehlt an jungen Beitragszahlern. Der Trend wird sich kurzfristig nicht umkehren. Warum?

Weil es die Babyboomer gibt. Es sind sehr, sehr viele,[4] die vor dir in den längsten Urlaub ihres Lebens starten. Und sie haben Urlaubskassen – also Rentenansprüche –, die aufgrund unseres Umlagesystems durch deine Rentenversicherungsbeiträge gefüllt werden. Deine Rentenbeiträge werden nicht für dich aufbewahrt, sondern sind nach durchschnittlich sechs Wochen auf den Konten der heutigen Ruheständler gelandet.

Die Babyboomer – rund 20 Millionen Deutsche, die in den 1950er- bis 1960er-Jahren geboren wurden – gehen jetzt in Rente. Diesen geburtenstarken Jahrgängen stehen aber keine entsprechend zahlreichen jungen Generationen gegenüber. Die deutsche Bevölkerung schrumpft schon lange. Im Jahr 2030 werden eine halbe Million mehr Deutsche in den Ruhestand gehen als in das Berufsleben starten.

Die Babyboomer sind – das zeigt die Abbildung[5] – der breiteste Teil der deutschen Bevölkerungspyramide. Ihre Renten werden aus den Rentenbeiträgen der jüngeren Jahrgänge (nur die, die im Erwerbsalter sind!) finanziert.

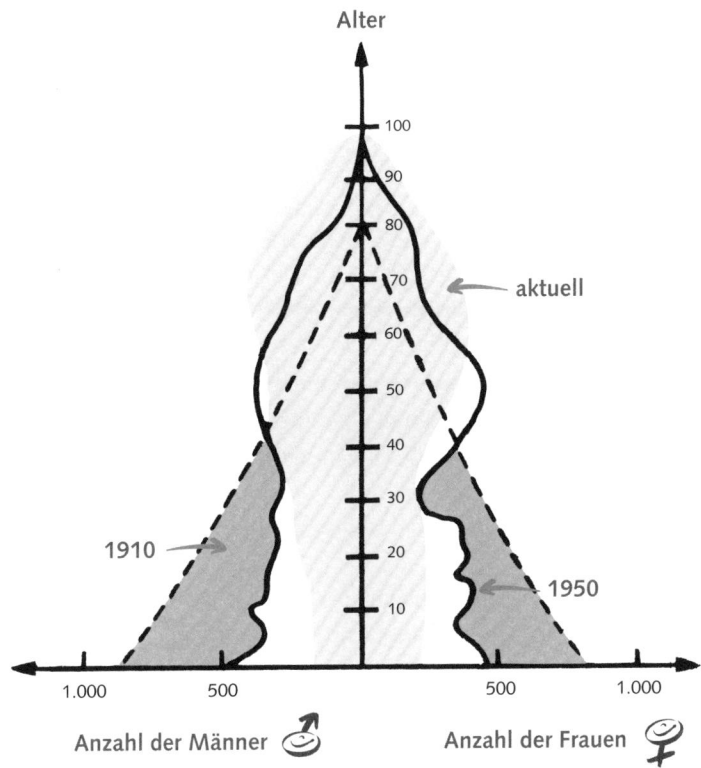

Die Alterspyramide (Personen jeweils in Tausend)

Das deutsche Generationenmodell Rente wackelt

Leider ist das noch immer nicht alles, was du wissen musst. Denn Corona, der Krieg in der Ukraine und die wachsende Inflation mit ihren wirtschaftlichen Auswirkungen haben den labilen Zustand weiter angenagt. Was wird passieren? Betrachten wir nur mal die Auswirkungen der Coronapandemie[6] in Deutschland:

- Es gibt in Deutschland eine Rentengarantie: Die Rente, die tatsächlich bezogen wird, darf nur steigen, nicht sinken.

- Das geschieht regelmäßig durch eine – um ein Jahr verzögerte – Rentenanpassung, die sich vor allem an der Entwicklung der Bruttolöhne orientiert: 2019 brummte die Wirtschaft und die Einkommen stiegen.
- 2020 gab es deshalb eine satte Rentenerhöhung, obwohl Corona die Wirtschaft ausbremste und viele in Kurzarbeit oder Arbeitslosigkeit gingen.
- Dadurch klafft ein riesiges Loch zwischen den monatlich fälligen Renten und den Beitragszahlungen der arbeitenden Bevölkerung.

Du siehst also: Das deutsche Generationenmodell »Rente« wackelt. Ein Problem für die ganze Gesellschaft – und was tut die Politik dagegen? Die Regierungskoalition hat Rentenpakete aufgelegt, die

1. langfristig das Niveau der gesetzlichen Rente auf 48 Prozent halten,
2. Rentenkürzungen ausschließen,
3. die Anhebung des Renteneintrittsalters vermeiden und
4. die (ergänzende) Finanzierung der Renten durch einen professionell verwalteten Kapitalfonds mit zehn Milliarden flankieren sollen.

Die ersten drei Punkte helfen zunächst vor allem den Babyboomern beziehungsweise allen, die demnächst in Rente gehen. Für dich könnte der vierte Punkt zu einer echten Lösung führen.

Bisher sah die Lösung für die Finanzierung der anschwellenden Renten so aus, dass nachkommende Rentnergenerationen (zu denen du gehörst) nicht mehr dieselben hohen Anwartschaften in der gesetzlichen Rente erwarben wie die derzeitigen Rentner. Gleichzeitig mussten diese jüngeren Generationen länger arbeiten und höhere Beiträge bezahlen, um die Renten der geburtenstarken Jahrgänge zu finanzieren. Die Regierungskoalition verspricht nun, diese Schraube nicht noch fester anzuziehen.

Früher auf den großen Trip

Wenn du früher als mit dem 67. Lebensjahr aus dem Berufsleben aussteigen musst oder möchtest, verlierst du für jeden bis zum Erreichen der Regelaltersrente fehlenden Monat 0,3 Prozent deiner Rente. Das ist schon bitter genug, aber selbst diese Zahlen sind politisch umstritten.

Es wird über ein späteres Renteneintrittsalter zum Beispiel ab 70 diskutiert. Der Normalfall könnte demnach sein, dass alle Steuerzahler bis zum 70. Geburtstag arbeiten und in die Rentenkasse einzahlen müssen. Kaum vorstellbar – auch, wenn die Lebenserwartung insgesamt bei uns recht hoch ist. »Am Leben sein« und »arbeitsfähig sein« sind durchaus zwei Paar Schuhe.

Dabei geht es weniger darum, die arbeitende Bevölkerung noch nach dem 67. Geburtstag in Lohn und Brot zu sehen, sondern vielmehr darum, die Rentenanwartschaften der vielen, die das nicht annähernd schaffen werden, um die folgenden Prozentpunkte kürzen zu können:

- minus 3,6 Prozent für ein Jahr,
- minus 7,2 Prozent für zwei Jahre und
- minus 10,8 Prozent für die vollen drei Jahre zwischen dem 67. und dem 70. Geburtstag.

Das ist natürlich nicht zum Wohle der Rentenversicherten, und damit auch nicht zu deinem Wohl. Es hilft lediglich den verantwortlichen Politikern aus einem Schlamassel. Sie verwalten so den Mangel und vertagen unangenehme Wahrheiten. Viel zu lange haben sie sich nicht auf die Suche nach konstruktiven Lösungen zugunsten der gesetzlichen Rentner begeben.

Übrigens: Dieses Problem haben Beamte und Politiker auf Bundes- und Landesebene, deren Diäten sich nach den Beamtentarifen richten, nicht. Sie zahlen nicht für die eigene Pension ein, bekommen aber sehr komfortable Altersbezüge auf Basis ihres letzten, in der Regel also höchsten Einkommens. Das macht es den Verantwortlichen vielleicht so schwer, die Perspektive der anderen Seite einzunehmen.

Wenn du noch jung bist, hegst du möglicherweise die Hoffnung, dass neue Regierungsmehrheiten neue Formen der Rentenfinanzierung finden, die für die jüngeren Generationen weniger ungerecht sind. Mit dem Rentenpaket II ist der Ausstieg aus der reinen Umlagefinanzierung aus deinen Rentenbeiträgen immerhin vorbereitet.

Du solltest dich aber nicht darauf verlassen, dass mithilfe neuer Formen der Rentenfinanzierung dein Ruhestand komfortabel wird. Selbst wenn das Paket alle Gremien passiert, ist es ein Tropfen auf den heißen Stein, und es dauert sehr lange, bis die Auswirkungen beim Rentenversicherungszahler ankommen. Vielleicht bist du dann längst selbst in Rente. Aber so viel sei jetzt schon verraten:

Es gibt Mittel und Möglichkeiten, deine Urlaubskasse so aufzubessern, dass du die vielleicht schönste Zeit deines Lebens doch noch genießen kannst.

Netto statt Brutto – Alterseinkünfte statt Rente

Die gesetzliche Rente kann sich als eher knappe Finanzquelle für den längsten Urlaub deines Lebens herausstellen. Bis zum Jahr 2005 galt immerhin: Wer aus seinen steuerpflichtigen Einkünften seine Rente erwirtschaftet hatte, konnte sie steuerfrei verzehren. Im Jahr 2005 jedoch hat die frühere Rente durch den Willen der Regierung ihren Namen und ihr Gesicht geändert: Sie gehört heute zu den sogenannten Alterseinkünften. Was bedeutet das für dich und deinen Ruhestand?

Wer Einkommen hat, zahlt darauf Steuern und Sozialabgaben: die Einkommensteuer, die Renten-, Kranken- und Pflegeversicherung. Und wer in der Kirche ist, zahlt zusätzlich Kirchensteuer.

Das Gleiche gilt seit 2005 auch für die Rente. Sie wird seither steuerlich unter die Einkünfte gerechnet. Der Hintergrund: Das Bundesverfassungsgericht hat mit seinem Urteil vom 06.03.2002 die Weichen dafür gestellt, dass gesetzliche Renten und Beamtenpensionen hinsichtlich der Besteuerung gleich zu behandeln seien. Stichtag für das Inkrafttreten der Umsetzung war der 01.01.2005. Deine Rente heißt nun »Alterseinkünfte« und wird als Einkommen hinsichtlich Steuern und Sozialversicherungen ganz ähnlich wie dein Gehalt behandelt. Das Einzige, was wegfällt, sind deine Rentenversicherungsbeiträge.

Deine zukünftige Rente, deren Höhe dir durch jährliche Rentenauskünfte oder Renteninformationen mitgeteilt wird, ist also ein Bruttobetrag. Er steht dir im Rentenalter nicht in dieser Höhe zum Verbrauch zur Verfügung. Nach dem Alterseinkünftegesetz wirst du – abhängig vom Jahr, in dem du in Rente gehst – darauf Einkommensteuer, Kranken- und Pflegeversicherung[7] zahlen. Die Höhe deiner Einkommensteuer auf die Rente hängt von der Höhe deiner Rente und deiner sonstigen Alterseinkünfte ab.

Nur, was nach Abzug von Steuern, Kranken-, Pflege- und anderen Versicherungen von deiner Rente übrig bleibt, steht dir wirklich für deine Lebensführung im Alter zur Verfügung!

Du fährst in Urlaub – und der Staat fährt auf deine Kosten mit!

Deine Urlaubskasse für den Ruhestand ist also ein steuerpflichtiges Einkommen. Seit der Einführung des Alterseinkünftegesetzes im Jahre 2005 steigen die prozentualen Anteile der Altersbezüge, die steuerlich berücksichtigt werden, Jahr für Jahr an. Sobald man in Rente geht, wird der Steuersatz für diesen Rentenjahrgang auf Dauer festgeschrieben. Für alle folgenden Rentenjahrgänge wird er stetig weiter angehoben.

Wer beispielsweise 2023 Rente bekommt, muss 83 Prozent seiner gesetzlichen Rente versteuern. Nach bisheriger Gesetzeslage sind 2040 volle 100 Prozent erreicht, es ist also die ganze Rente zu versteuern.

Die neue Regierung hat in den Koalitionsvertrag geschrieben, den Anstieg der jährlichen Rentenbesteuerung ab 2023 auf einen halben Prozentpunkt zu senken. Dann würde die Vollbesteuerung der Renten erst für die Rentenjahrgänge ab 2060 greifen. Das heißt:

Die neue Regierung plant Verbesserungen für zukünftige Rentner und Rentnerinnen.

Allerdings: Hast du zusätzliche Einkünfte – aus Vermietungen, Verpachtungen, Renditen und privaten Renten –, werden diese ohne Schonbetrag, also in voller Höhe, ebenfalls als Alterseinkommen versteuert und in die Berechnung der Sozialversicherungsabgaben einbezogen.

Weitere Abzüge, die auf alle Alterseinkünfte angerechnet werden, sind die Beiträge zur Kranken- und Pflegeversicherung. Beide werden jetzt und in Zukunft kräftig steigen, um die Belastungen unserer alternden Gesellschaft stemmen zu können.

Lass uns ein vorläufiges Fazit ziehen:

Rente beziehen heißt Steuern bezahlen! Denn der Staat greift dir als Rentner kräftig in die Tasche. Das musst du berücksichtigen, wenn du dir die Meldungen deiner Rentenversicherung über deine erworbenen Anwartschaften anschaust.

Es gibt aber auch gute Nachrichten!

Die gute Seite: Steuerliche Entlastungen winken

Gleichzeitig werden die steuerlichen Entlastungen bei bestimmten Formen privater Vorsorge höher. Bisher sollen erst im Jahr 2025 100 Prozent der Rentenversicherungsbeiträge – inklusive privater Rentenversicherungen – steuerlich abgesetzt werden können. Die neue Regierungskoalition plant, den Vollabzug auf das Jahr 2023 vorzuziehen.

Diese steuerliche Entlastung macht die private Vorsorge für dich attraktiv. Du solltest dir also genau überlegen, welche Geldanlage für deine Zukunft die richtige ist. Der Staat unterstützt auf diese Weise deine Motivation, selbst für dein eigenes Alter vorzusorgen, weil die gesetzliche Rente allein absehbar nicht mehr ausreichen wird. Hinzu kommt: Für das ungleich größere Problem, wie die staatliche Rente zukünftig finanzierbar bleiben soll, ist bis jetzt auch noch keine Lösung gefunden und auf den Weg gebracht worden.

Zeit für einen kleinen Motivationsschub

Wie viele Jahre Leben liegen noch vor dir? Die üblichen statistischen Werte spiegeln deine Lebenserwartung ungenau wider. Sie ist in Wirklichkeit dynamisch: Je älter du schon bist, desto größer die Wahrscheinlichkeit, dass noch etliche Jahre dazu kommen. Das mathematisch zu erklären, ist etwas kompliziert. Das ist aber auch gar nicht nötig, denn Dr. Wolfgang Drols – Mathematiker und Versicherungsexperte – hat es in eine simple Online-Lösung umgesetzt, die du einmal für dich durchspielen solltest: https://surehost.suretec.de/suretec-lebenserwartungplus/#!lebenserwartung.

Unglaublich, oder? Das bedeutet aber auch: Für diese lange Dauer muss ausreichen, was du dir vorher erwirtschaftet hast: Renten, Mieteinnahmen, Zinsen, Eigentum, Rücklagen – minus alles, was sich der Staat davon nimmt. Es ist mithin klug und ein Zeichen vorausschauenden Denkens, wenn du dir ab sofort intensiv Gedanken darüber machst, wie du deine Urlaubskasse für den Ruhestand füllst. Wenn du deine Ideen dann entsprechend umsetzt, ist es sehr gut, und es würde mich freuen, wenn du dafür hilfreiche Hinweise in diesem Buch findest.

Ein Blick durchs Fernrohr ins ferne Urlaubsland

Natürlich wäre es sehr hilfreich, wenn du heute schon genau wüsstest, wie deine Ausgaben während des Ruhestandes aussehen werden. Das wissen wir leider alle nicht. Aber es gibt ein paar klare Tendenzen, die zeigen, wohin die Reise geht:

- Die Mieten, Energie- und Gesundheitskosten explodieren ebenso wie die Lebenshaltungskosten.
- Geld verliert gerade rapide an Wert, während die Europäische Notenbank die Risiken der Inflation nur zögerlich zu bekämpfen beginnt.
- Klimawandel und Naturkatastrophen werden uns mit neuen enormen Kosten konfrontieren, die die wirtschaftliche Situation jedes einzelnen Steuerzahlers nicht leichter machen.
- Dabei nimmt die Politik bisher eher Rücksicht auf die wirtschaftliche Situation der Unternehmen als auf die des einzelnen Steuerzahlers.

Hinzu kommen Faktoren wie die steigende Besteuerung deiner Rente und persönliche Risiken wie eine Scheidung.

Wenn du angesichts dieser Situation nicht anfängst, für die eigene Zukunft selbst etwas zu tun, wirst du den längsten Urlaub deines Lebens eher unter einer Brücke oder im durchlöcherten Hauszelt erleben als im luxuriösen Fünfsternehotel unter südlich milder Sonne mit Blick aufs Meer. Selbst dann, wenn du gar nicht auf Luxus aus bist, sondern nur ein weitgehend sorgloses Leben ohne ständige Finanznöte führen möchtest, musst du handeln. Denn schon das wird dir durch die Weichenstellungen der gesetzlichen Rente voraussichtlich nicht mehr möglich sein.

Aber nun ist es an der Zeit, darauf hinzuweisen, dass die geschilderten Entwicklungen beileibe kein Grund sind, den Kopf in den Sand zu stecken, zu verzweifeln und sie tatenlos auf sich zukommen zu lassen. Im Gegenteil: Du solltest ab sofort alle Kräfte, Energien und Potenziale, die dir zur

Verfügung stehen, nutzen, um deine finanzielle Situation zu verbessern und ins Handeln zu kommen – in Anlehnung an Erich Kästner, der einst gedichtet hat:

Es gibt nichts Gutes, außer man tut es!

Achtung: Kleingedrucktes!

Wie bei Werbematerialien für Urlaubsreisen lohnt es sich auch bei den regelmäßigen Renteninformationen und -auskünften der Deutschen Rentenversicherung, einen kritischen Blick auf das zu werfen, was dort steht – und auf das, was dort nicht steht. Oder allzu leicht überlesen wird. Neben dem Datum für den Beginn deiner Regelaltersrente – also dem Tag, von dem an du ohne Abschläge in den Genuss deiner Altersrente kommen kannst – sind vor allem die Höhen der erreichten Anwartschaften interessant:

- *Rente bei voller Erwerbsminderung (also bei Arbeitsunfähigkeit).* Hast du einen Plan B für den Fall, dass du aus gesundheitlichen Gründen nicht mehr arbeiten kannst, aber das Rentenalter noch nicht erreicht hast?
- *Bislang erreichte Anwartschaft für die Altersrente.* Falls du bald in Rente gehst: Reicht das?
- *Hochrechnung der erreichbaren Altersrente auf Basis des Durchschnitts der letzten fünf Jahre.* Falls du noch eine gute Weile arbeiten wirst: Kannst du sicher sein, dass du bis zum Renteneintritt kontinuierlich das, was du derzeit verdienst, auch weiterhin verdienst? Oder verdienst du vielleicht mehr – oder weniger?

Die danach genannten Rentenanpassungen können sich schnell als unrealistisch erweisen: Die Diskussionen der Tarifpartner oder deine Gespräche mit dem Arbeitgeber zu einer Lohnanpassung werden wahrscheinlich ab und zu in Nullrunden enden. Und auch die Höhe der Anhebung wird sicherlich auf den Prüfstand gestellt, um die Löcher in den Rentenkassen nicht immer größer werden zu lassen.

Dass alle genannten Zahlen in der Renteninformation Bruttobeträge sind, steht schon im ersten Absatz: Zieh also Steuern, die Kranken- und Pflegeversicherungsbeiträge, gegebenenfalls die Kirchensteuer und andere Versicherungsbeiträge davon ab.

Zudem wirst du direkt auf die absehbare Versorgungslücke – die Lücke zwischen Rente und Erwerbseinkommen – hingewiesen, die zukünftig immer weiter wachsen wird. Ebenso wird die Inflation angesprochen, die über die Jahre an der Kaufkraft deiner Anwartschaften nagen wird. Es gibt im Internet Renten-Inflationsrechner, mit denen du die Auswirkungen verschiedener Inflationsraten auf deine Rente berechnen kannst.

Übrigens: Das Risiko einer Scheidung wird in den Informationen der Rentenversicherung nicht erwähnt: Alle während der Ehezeit von beiden erworbenen Rentenansprüche werden addiert und hälftig geteilt. Wenn es eine/n Hauptverdiener/in gegeben hat, verliert die/der je nach Ehedauer zum Teil erhebliche Anwartschaften. Umgekehrt kann sich der/die Ex durch die Übertragung auf höhere Anwartschaften freuen.

Mut zur Lücke? Bloß nicht!

Über den Versicherungsverlauf wirst du ebenfalls von der Deutschen Rentenversicherung informiert: mit der ersten Renteninformation im Alter von 27 Jahren, spätestens mit 43 Jahren beziehungsweise mit der ersten Rentenauskunft im Alter von 55 Jahren.

Dabei wirst du zur Kontenklärung aufgefordert. Überprüfe deine dort aufgeführten Zeiten, in denen du nicht in die Rentenkasse eingezahlt hast. Liefere eventuell fehlende Informationen nach. Echte Lücken (zum Beispiel Schulzeit und/oder Studium) kannst du noch durch freiwillige Beiträge schließen. Aber Achtung: Darauf wirst du meist nicht ausdrücklich hingewiesen!

Rechne vorher durch, ob es sich für dich lohnt, freiwillige Beiträge zu zahlen. Und vor allen Dingen: Schau dir genau an, was du hast und wo du finanziell am Ende stehen möchtest.

Die Deutsche Rentenversicherung berät dich kostenlos rund um die gesetzliche Rente. Hol dir Rat und handle!

Warum das so wichtig ist, möchte ich dir gern genauer zeigen. Dafür unterscheide ich ausnahmsweise zwischen Frauen und Männern, denn die Spielregeln für den längsten Urlaub des Lebens sind für die Geschlechter in Deutschland höchst unterschiedlich. Ladies first.

Los, Mädels, wir packen die Koffer!

Das wird richtig nett: mit lauter besten Freundinnen Strand, Sonne und Sundowner (also Dämmerschoppen bis zum Sonnenuntergang) genießen. Gar nichts tun und einfach Spaß haben. Bikini, Sonnenbrille und Flip-Flops sind der Dresscode für die nächsten 14 Tage. Und danach? Bloß nicht dran denken, du Spaßbremse!

14 Tage Pauschalurlaub können sich viele Frauen leisten. Bei den durchschnittlich 22 Jahren (in den neuen Bundesländern sogar 24 Jahren) Dauer des längsten Urlaubs im Leben hingegen sieht es eher düster aus. Frauen stehen – statistisch gesehen – in Deutschland bei Eintritt ins Rentenalter finanziell deutlich schlechter da[8] als ihre Partner oder Männer generell. Warum ist das so?

- Deutsche Frauen werden systematisch ungerecht behandelt, wenn es um wirtschaftliche Gleichstellung geht.
- Die Folge sind lebenslange wirtschaftliche Benachteiligungen und ein Rentendasein in benachteiligten Verhältnissen.

Es lässt sich also nachweisen: Altersarmut ist in Deutschland weiblich!

- Solange deutsche Frauen arbeiten, verdienen sie im statistischen Mittel 19 Prozent weniger pro Stunde als Männer – der Name dafür ist »Gender-Pay-Gap«. Während die Politiker sich die Angleichung der Löhne und Gehälter in den alten und den neuen Bundesländern zum unumstößlichen Ziel gemacht haben, sucht man nach entsprechenden Zielsetzungen für die Beendigung des Gender-Pay-Gaps sehr lange oder sogar vergeblich.
- Frauen arbeiten oft in weniger einträglichen Berufen (zum Beispiel helfende und pflegende Aufgaben im Gesundheitswesen, Kassiererin im Supermarkt, Friseurin). Das ist oft selbstverschuldete Altersarmut mit Ansage.

- Die Rente von deutschen Frauen über 65 beträgt durchschnittlich 46 Prozent weniger als die der Männer. Damit ist Deutschland Schlusslicht im Vergleich aller 37 Mitglieder der OECD. Der OECD-Durchschnitt liegt bei 25 Prozent weniger Rente für Frauen. Besonders gut geht es den Frauen in Estland: Hier beträgt die Lücke »nur« zwei Prozent. Dennoch: Keine Frau in der OECD bekommt (statistisch) so viel Rente wie ein Mann!
- Die riesige deutsche Rentenlücke erklärt sich nicht allein aus der ungleichen Bezahlung der Geschlechter. Es gibt Länder, in denen die Bezahlung noch ungerechter ist, aber die Rentenlücke zwischen den Geschlechtern nicht so weit auseinanderklafft wie in Deutschland.

Die Hochzeitsreise allein reicht nicht

»Von Geld verstehe ich nichts. Das macht mein Mann/Partner/Freund ...« Wer sich bei der Altersabsicherung auf seinen Partner verlässt, wird sich (manchmal nicht erst) im Alter die Augen reiben. Denn so gehst du gleich mehrere Risiken ein:

- Was passiert, wenn die Ehe oder Beziehung nicht hält? Haben dein Partner und du einen Ehe-/Partner-Vertrag, in dem geregelt ist, was dann passiert? Wer steht im Grundbuch eures Hauses? Hast du eigene Einkünfte, die im Fall der Fälle zum Leben reichen? Weißt du überhaupt, wie viel dein Leben als Single oder alleinstehende Mutter kosten würde? Oder stehst du plötzlich von heute auf morgen ohne irgendetwas da?
- Wenn du dir dein Leben lang keine Gedanken über dein Geld machst, hast du keine Ahnung von den Zusammenhängen, wenn es darauf ankommt. Wenn du dein Leben lang nur Geld vom Konto abgehoben hast, kannst du nicht einschätzen, was passiert, wenn der Kontostand zum Beispiel ins Minus rutscht oder was es mit dem Dispositionskredit auf sich hat.
- Wenn du die Verantwortung an deinen Partner delegierst, machst du dich komplett von ihm abhängig – ob du willst oder nicht.

- Die klassische deutsche Lebensplanung benachteiligt dich. Es sind noch immer überwiegend Frauen, die der Kinder wegen zu Hause bleiben oder in Teilzeit gehen. Teilzeit heißt nicht nur, weniger zu verdienen und auf der Karriereleiter kaum noch voranzukommen. Teilzeit heißt auch Teilzeitrente: viel weniger Rentenpunkte für dich! Nicht wenige Frauen arbeiten sehr lange in Teilzeit – bis die Kinder fast erwachsen sind oder sogar noch länger. Manche arbeiten bis zur Rente in Teilzeit. Aber Achtung: Das ist eine ganz schlechte Idee, wenn es um den längsten Urlaub deines Lebens geht!

- Die Kinder sind aus dem Haus – im unglücklichsten Fall werden gerade dann oder nur kurze Zeit später deine Eltern oder die deines Partners zum Pflegefall. Wiederum sorgst du für andere und zahlst nicht in deine Rentenversicherung ein. Das ist ein Fehler, der sich in deinem eigenen Alter bitter rächen wird.

- Das Ehegattensplitting – ein steuerlicher Vorteil für die Mehrverdiener in der Ehe – benachteiligt meistens die Frau, also dich. In Kombination mit einem Minijob (450 Euro), für den keine Sozialabgaben (also auch keine Rentenversicherung!) fällig werden, ist das eine echte Falle. Sobald du einen sozialversicherungspflichtigen Job annimmst, der brutto besser bezahlt ist, schlägt der steuerliche Nachteil des Splittings mit voller Wucht zu. Von deinem Lohn oder Gehalt bleibt dir sehr wenig – manchmal (deutlich) weniger, als wenn du bei dem 450-Euro-Job bleiben würdest. In dieser Hinsicht lohnt sich der Umstieg nicht. Und du tust damit auch nichts für deine Rente!

- Die Hälfte der Frauen traut sich nicht zu, ihr Geld richtig anzulegen. Das hat in Deutschland auch historische Gründe. Bis 1947 durften Frauen nur mit Erlaubnis ihres Mannes arbeiten gehen. War dieser der Meinung, sie vernachlässige ihre (gleichzeitig zu erledigenden!) »Haushaltspflichten«, konnte er ihren Job kündigen. Bis 1957 durften Frauen kein eigenes Konto führen. Das ist zwar Geschichte, wirkt sich aber offenbar noch immer stark aus.

- Wenn du nichts dagegen tust, wirst du im Alter mit (sehr) wenig Geld sehr lange leben müssen. Keine schöne Vorstellung. Die Situation lediglich zu beklagen hilft dir übrigens genauso wenig weiter wie die Hoffnung auf gerechtere politische Verhältnisse oder einen

Lottogewinn. Und die Entscheidung, etwas aktiv dagegen zu tun, immer weiter hinauszuschieben, ist auch keine gute Idee – dir läuft die Zeit noch viel schneller weg als (d)einem Mann.

Achtung – riesige Rentenlücke!

Ich habe dir bereits erzählt, wie ich meiner Tochter anhand eines Schokoriegels gezeigt hatte, was das Wort Rentenlücke bedeutet. Um ihr den Unterschied zwischen einem heutigen Nettoeinkommen und der Höhe einer gesetzlichen Rente zu zeigen, hatte ich die gute Hälfte davon abgebissen. Der Rest sah ziemlich mickrig aus. Wenn du als Frau eine Vorstellung davon haben möchtest, was dich als Rentnerin im Unterschied zu einem Rentner erwartet, dann würde ich von dem mickrigen Stück noch einmal fast die Hälfte abbeißen. Und wenn es ganz dumm für dich läuft, ist die restliche Rente auch noch gerade so hoch, dass darauf Steuern und Sozialabgaben fällig werden.

Erinnerst du dich an das Bild von den Urlaubsalternativen »Zelt oder Fünfsternehotel«, das ich am Anfang des Buches gemalt habe? Das ist leider keine Übertreibung: Die Anzahl der Obdachlosen steigt in Deutschland schnell und kontinuierlich. 2020 waren offiziell bereits 256.000[9] Menschen ohne Wohnung. Und darunter befinden sich viele Frauen.

Versorgt nur mit ihren eigenen Rentenanwartschaften, leben viele deutsche Frauen im Alter in einem löchrigen dunklen Hauszelt auf einer durchgeweichten Brache. Es ist Zeit, dafür Sorge zu tragen, dass du nicht dazu gehörst.

Was eine Frau im Alter braucht: Wie deine Urlaubskasse heute aussehen müsste

Wie viel Geld solltest du bereits heute für dich zurückgelegt haben, damit du im Alter nicht vor einer riesigen Rentenlücke stehst, sondern deinen erreichten Lebensstandard halten kannst? Das ist wahrscheinlich mehr als du denkst! Und vor allem viel mehr, als (d)ein Mann zurücklegen muss. Denn du wirst voraussichtlich länger von deiner Rente leben als er, weil du ein höheres Alter erreichen wirst, zumindest statistisch betrachtet.

Die Finanzredakteurin Christine Holthoff[10] hat sich mit diesem Thema befasst und den Bedarf berechnet, und zwar gestaffelt nach Lebensalter. Sie trifft einige Annahmen zum beruflichen Lebenslauf ihrer Beispielfrau: Diese steigt mit 25 Jahren in einen rentenversicherungspflichtigen Beruf ein und geht mit 67 Jahren in Rente. Sie ist unverheiratet, hat keine Kinder, ist in Steuerklasse 1 veranlagt und arbeitet in den alten Bundesländern. Zugrunde gelegt wird ein durchschnittliches Bruttogehalt basierend auf einer Studie von gehalt.de und Zahlen des Statistischen Bundesamtes zu Einkommensunterschieden zwischen Frauen und Männern aus dem Jahr 2019.

Bei ihrer Berechnung geht Christine Holthoff davon aus, dass die berufstätige Frau gern ihren Lebensstandard (also ihre Kaufkraft) im Rentenalter beibehalten möchte. Deshalb nimmt sie an, dass ihre Beispielfrau jeweils vom genannten Geburtstag an monatlich zehn Prozent ihres Nettogehaltes bis zum Renteneintritt für sich zurücklegt. Sie geht ferner davon aus, dass die privat zurückgelegten Gelder auf einem Giro- oder Sparkonto vor sich hinschlummern.

Hier die Spielregeln für die Beispielrechnung von Christine Holthoff noch einmal im Überblick:

- Sozialversicherungspflichtige Vollbeschäftigung vom 25. bis zum 67. Geburtstag

- Durchschnittliches Bruttogehalt basierend auf den Zahlen von 2019
- Unverheiratet – keine Kinder – Steuerklasse 1
- Ziel: als Rentnerin dieselbe Kaufkraft wie als Berufstätige
- Berücksichtigt wird die Rentenlücke für berufstätige Frauen in Deutschland, weil ihre Rentenversicherungsbeiträge nur maximal 48 Prozent ihres Nettoeinkommens erbringen (siehe in der folgenden Tabelle die Zeile »Geld, das insgesamt fehlen wird«).
- Durchgespielt wird der Start in die private Vorsorge für den 30., 40., 50. und 60. Geburtstag – angenommen wird, dass jeweils von diesem Tag an bis zum Renteneintritt zehn Prozent vom Nettogehalt zurückgelegt werden (siehe die Zeile »Geld, das insgesamt noch gespart werden kann«).
- Die Differenz zwischen dem, was fehlen wird, und dem, was sie ab jetzt noch zurücklegen kann, steht in der Zeile »Geld, das bereits auf dem Konto sein müsste«.
- Es wird davon ausgegangen, dass das Geld nicht arbeitet, sondern nur auf einem Sparbuch oder Konto liegt.

Und so sieht das Ergebnis[11] für deutsche Frauen aus (alle Angaben in Euro):

Alter	30	40	50	60
⌀ Brutto/Jahresgehalt	40.189	49.446	51.745	52.140
⌀ Netto/Monatsgehalt	2.062	2.420	2.513	2.529
Geld, das insgesamt fehlen wird	163.000	188.000	193.000	181.000
Geld, das noch gespart werden kann	111.000	84.000	54.000	24.000
Geld, das bereits auf dem Konto sein müsste	52.000	104.000	139.000	157.000

Himmel – so viel!

Diese Summen werden dir vermutlich einen Schrecken einjagen. Dabei ist Christine Holthoff sogar noch von ziemlich idealen Voraussetzungen ausgegangen – verglichen mit typischen Erwerbsbiografien von deutschen Frauen. Oder wirst du von deinem 25. bis zu deinem 67. Geburtstag durchgehend rentenversicherungspflichtig beschäftigt sein?

Aber es gibt auch ein paar gute Nachrichten: Zum einen wird diese großen Beträge nur diejenige benötigen, die ihr Geld zinslos auf einem Girokonto oder einem Sparbuch hortet (und dafür womöglich auch noch Strafzinsen berappt). Es gibt gute Alternativen. Lass dein Geld arbeiten! Investiere! Keine Sorge, das kannst du.

Und zum andern gilt: Wenn du jung bist, warte nicht! Es wird weder besser noch leichter, wenn du erst noch Zeit verstreichen lässt. Im Gegenteil: Wenn du jetzt beginnst, dich für deinen Fleiß zu belohnen und für deinen längsten Urlaub vorzusorgen, ist es einfacher, und du kannst neben dem Zurückgelegten mehr für dein gegenwärtiges Leben ausgeben.

Von Frau zu Frau

Auch Christine Holthoff empfiehlt ihren Geschlechtsgenossinnen, selbst aktiv zu werden und nicht darauf zu warten, dass sich die Verhältnisse von allein verbessern: »Hört nicht auf zu protestieren, aber hört auf zu jammern!« Zwar gebe es zuhauf Ideen, wie man diese Ungerechtigkeiten in der Gesellschaft beenden könnte, aber deren praktische Umsetzungen gebe es entweder noch nicht oder sie funktionierten nicht wie gewünscht. Mit Nachdruck vorangebracht werden sie zumindest in Deutschland bislang ohnehin nicht.

In einer idealen Welt wäre es nicht nötig, aber in der Welt, wie sie wirklich ist, sind Frauen gezwungen, sich selbst zu helfen.

Es ist unumgänglich, dass du dich selbst mit deiner finanziellen Zukunft befasst und sie selbst in die Hand nimmst. Denn es wird niemand anders für dich tun. Also: Warte nicht und verlass dich nicht auf andere!

Ich zeige dir, was du tun kannst und dass es gar nicht schwer ist, wenn du erst einmal den Einstieg gefunden hast.

Übrigens sind Männer trotz der besseren Ausgangsbedingungen sehr geschickt darin, ihrem sorgenfreien Alter selbst Steine in den Weg zu legen. Schauen wir doch mal, was damit gemeint ist.

Warum Männer niemals investieren können

Für die deutschen Männer errechnet Christine Holthoff diese Zahlen (wieder alle Angaben in Euro und auf der Basis der gleichen Annahmen wie bei den Frauen):

Alter	30	40	50	60
Ø Brutto/Jahresgehalt	50.237	61.808	64.681	65.176
Ø Netto/Monatsgehalt	2.577	3.025	3.141	3.161
Geld, das insgesamt fehlen wird	155.000	171.000	180.000	169.000
Geld, das noch gespart werden kann	139.000	105.000	68.000	30.000
Geld, das bereits auf dem Konto sein müsste	16.000	66.000	112.000	139.000

Obwohl es für deutsche Männer ungleich einfacher ist, eine vorteilhafte Erwerbsbiografie einzuschlagen und durchzuhalten, scheint es auch bei ihnen eine Fülle unüberwindlicher Hindernisse zu geben, wenn es um Sparen, Vorsorgen und Investitionen in das eigene Alter geht. Jeder Lebensabschnitt hat seine eigenen Tücken. Darum gilt: Die Unfähigkeit, zu sparen, ist für viele Männer ein Leid, das sich durch alle Lebensalter zieht. Doch der Reihe nach …

Im Alter von 0 bis 20 Jahren

Die meisten von euch werden in diesem Alter den Vorschlag, jetzt schon für den eigenen Ruhestand zu sorgen, als Zumutung empfinden. Erst bist du zu klein, dann bist du gerade in der Ausbildung. Das Geld ist knapp, und außerdem willst du jetzt deinen Spaß haben und das Leben genießen. Der eine oder andere wird noch zur Bundeswehr gehen – aber danach soll es dann mit dem Investieren losgehen.

Falls Oma, Opa, Onkel oder Tante etwas für dich zurücklegen wollen, sollte das weder zweckgebunden noch mit einem festen Datum versehen sein. Flexibilität ist umso sinnvoller, je jünger du bist.

Im Alter von 20 bis 29 Jahren

Du hast erst vor wenigen Jahren in deinem erlernten Beruf Fuß gefasst und angefangen, zu arbeiten und richtig Geld zu verdienen. Du gehst davon aus, dass deine Karriere erst am Anfang steht und es dir in wenigen Jahren noch einmal deutlich besser geht. Im Moment investierst du deshalb ausschließlich in deine berufliche Zukunft, etwa in deine Weiterbildung, um weiter voranzukommen. Investitionen für den eigenen Ruhestand haben noch so viel Zeit.

Im Alter von 30 bis 39 Jahren

Wenn ich dich in diesem Alter frage, ob du in dein Alter investieren möchtest, wirst du es bestimmt als schlechten Scherz auffassen. Du bist Familienvater geworden. Deine Frau widmet sich hauptsächlich euren noch kleinen Kindern und verdient nichts dazu. Du hast also allein ein Haus oder eine Wohnung zu bezahlen. Rücklagen fürs Alter bilden? Erst, wenn die Kinder größer sind.

Im Alter von 40 bis 49 Jahren

Eure Kinder sind prächtig geraten und studieren. Jetzt wünschst du dir vielleicht schon, in deine eigene Zukunft investieren zu können. Aber das Studium ist teuer und kostet jeden verfügbaren Cent. Du hast sogar Schulden gemacht, um die Ausbildung bezahlen zu können. Finanzielle Spielräume gibt es nicht. Aber du tröstest dich, dass die Studien nicht ewig dauern. Und dann, wenn du von dieser Last befreit bist, wirst du endlich anfangen, für dein Alter vorzusorgen. So der Plan …

Im Alter von 50 bis 60 Jahren

Deine Karriere ist längst abgeschlossen und dein Gehalt ist schon lange nicht mehr gestiegen. Deine Lebenshaltungskosten dafür umso mehr. Das Geld ist knapp: Wenn du Einnahmen und Ausgaben vergleichst, weißt du nicht, wie du auf einen grünen Zweig kommen sollst. Du machst dir Vorwürfe: »Warum habe ich nicht schon vor 20 Jahren angefangen, für mein Alter vorzusorgen?« Du hoffst, dass sich noch irgendetwas ergibt.

Im Alter von über 60 Jahren

Nun ist es für Vorsorge zu spät, denn ohne Einkommen lässt es sich schlecht investieren. Du bist Rentner und lebst mit deiner Frau von deiner gesetzlichen Rente. Das ist viel zu wenig, um es allein zu schaffen. Ihr wohnt deshalb jetzt bei eurer ältesten Tochter. Das findet niemand der Beteiligten schön und es belastet euer Verhältnis. Aber es gibt für euch keine Alternative. Jetzt erlebst du, was es heißt, nicht vorgesorgt zu haben. Du machst dir bittere Vorwürfe.

Frei nach Wilhelm Busch gilt: Die Schwierigkeit ist immer klein. Man(n) darf nur nicht verhindert sein.

Was ich hier für die Männer durchgespielt habe, gilt mit etwas anderen Begründungen auch für die Frauen. Der richtige Zeitpunkt, mit dem Investieren und dem Sparen für das eigene Alter zu beginnen, kommt offenkundig nicht von allein. Und dieses Ziel wird in jedem Lebensalter in Konkurrenz zu anderen, durchaus wichtigen Zielen stehen, die du ebenfalls erreichen möchtest. Du musst den Zeitpunkt also selbst definieren.

Gleichgültig, welchem Geschlecht du dich zugehörig fühlst: Je länger du wartest, desto schwieriger wird es. Denn das Dumme an dem Thema »Altersvorsorge« ist: Es auf die lange Bank zu schieben, engt nur deinen Handlungsspielraum ein und mindert deine Erfolgschancen erheblich. Es bringt dir nichts als Nachteile.

Wenn du aber verstanden und akzeptiert hast, dass es keine realistische Alternative zur eigenen Vorsorge gibt – Lottogewinn und Erbtante lassen wir jetzt einmal außen vor –, dann gilt: Je früher du beginnst und dabei bleibst, desto leichter wird es dir fallen, dein eigenes Vermögen zu bilden! Die Zeit ist auf deiner Seite und arbeitet für dich.

Darum: Sei flexibel, wenn es um die Konkretisierung deiner Pläne geht. Das Leben ist ein Prozess in ständiger Bewegung. Du wirst vermutlich hin und wieder an den Stellschrauben drehen, um deine Investitionen neu zu justieren. Lass das aber nicht als Ausrede gelten, gar nicht zu investieren!

Machen ist wie Wollen – nur krasser: Der innere und der äußere Schweinehund

Du hast gesehen, dass es wirklich viele Gründe gibt, an dich selbst zu denken und deine Zukunft nach dem Erwerbsleben gut vorzubereiten. Nun bin ich gespannt, was dir als nächstes durch den Kopf geht. Denkst du ans Sparen – und zuckst unwillkürlich zusammen? Findest du gerade jede Menge Gründe, warum Vorsorge für dich nicht funktioniert? Oder holst du dir Zettel und Stift und beginnst mit einer Aufstellung, die dir Klarheit verschafft?

Das Marshmallow-Experiment

Hast du schon einmal vom Marshmallow-Experiment gehört? Professor Walter Mischel und sein Team haben es in den 1960er-Jahren in ihrem Institut an der Stanford-Universität in Kalifornien durchgeführt. Einer Reihe von kleinen Kindern wurde dabei jeweils ein Marshmallow angeboten. Jedes Kind konnte die Süßigkeit gleich genießen oder eine Weile warten, um dann ein zweites Marshmallow als Belohnung zu bekommen. Wenn das Kind das verstanden hatte, wurde es in dem Raum, in dem das Experiment stattfand, für einige lange Minuten mit der süßen Verführung vor der Nase allein gelassen.

Manche der Kinder naschten sofort, andere konnten abwarten und sich so die Belohnung verdienen. Beide Gruppen wurden von den Forschern in den folgenden Jahren auf ihrem Lebensweg beobachtet. Es zeigte sich, dass die Kinder, die fähig waren, abzuwarten, im späteren Leben mit vielem besser zurechtkamen: Sie erreichten höhere Bildungsabschlüsse, führten stabilere Beziehungen und konnten besser mit Kritik umgehen. Die Fähigkeit, kurzfristigen Verlockungen zu widerstehen, ging bei ihnen offenbar mit einer positiven Entwicklung in den unterschiedlichsten Lebensbereichen einher.

Diese Verhaltensunterschiede zeigen natürlich nicht nur Kinder. Sie sind auch bei Erwachsenen ausgeprägt. Dies zeigt sich nicht nur beim Naschen und Genießen, sondern besonders deutlich beim Thema »Sparen«. Wer bekennender Nicht-Sparer ist, will Genuss und Verzehr jetzt und hier – das Morgen schert ihn oder sie nicht. Geld ist zum Ausgeben da. Es wird nichts lange zurückgelegt. Der Rubel soll rollen.

Wer hingegen Sparen mag, richtet seine Aufmerksamkeit auf die zukünftigen Vorteile und Belohnungen. Solche Menschen sind eher in der Lage, den aktuellen Verzicht auszublenden und sich auf die höheren Geldbeträge zu fokussieren, die in Zukunft locken. Alles, was ihn oder sie von diesem Ziel ablenkt, tritt in den Hintergrund.

Findest du Sparen doof?

Welcher Typ bist du? Was verbindest du mit dem Begriff »Sparen«? Fühlt es sich an wie Mangel, Not, Einschränkung, Verzicht und Freudlosigkeit? Oder winken dir in deiner Fantasie lauter schöne Belohnungen nach der Phase, in der du konsequent deinem Zukunftsziel entgegenstrebst?

Aus meiner Berufspraxis weiß ich, dass der spontane Genießer der bei Weitem häufiger vorkommende Typ ist. Sparen geht für ihn oder sie eher nicht. Für später zurücklegen? Jetzt noch nicht. Jede/r weiß doch, dass es überhaupt keine Zinsen gibt und für größere Rücklagen sogar Strafzinsen fällig werden. Die Gründe, warum wir nicht sparen, und die Vorwände, die wir finden, um das zu begründen, sind vielfältig.

Wir kennen den Burschen, der da aktiv ist: Es ist der innere Schweinehund, der es sich auf unserer Lebenscouch gemütlich gemacht hat. Wir haben uns an ihn gewöhnt und finden es ziemlich bequem, ihn gewähren zu lassen. Bei mangelnder Übung darin ist es gar nicht so leicht, ihn in sein Körbchen zu schicken, um wieder eigene Entscheidungen treffen zu können.

Wer ist bei dir das Herrchen oder Frauchen? Du oder dein innerer Schweinehund?

Neben den beiden Spar-Typen, die ich dir beschrieben habe, gibt es Unterschiede zwischen Frauen und Männern, die tief in den Rollenbildern verankert sind, die wir oft unbemerkt erfüllen. Egal, in welchem Lebensalter man die eine oder den anderen fragt – es finden sich mindestens 1.000 gute Gründe, warum es jetzt – leider oder zufällig – gerade gar nicht passt, mit dem Sparen für später anzufangen. Und wirklich jedes Alter sieht sich vor Hindernissen stehen, die völlig unüberwindlich scheinen.

Für Frauen spielt rund um das Thema »Altersvorsorge« nicht nur der innere Schweinehund eine gewichtige Rolle, sondern, wie wir gesehen haben, auch noch ein Tierchen, das wir den äußeren Schweinehund nennen können. Außer inneren Hemmnissen, für dein wirtschaftliches Wohlergehen vorzusorgen, hast du als Frau in Deutschland mit handfesten äußeren Nachteilen zu tun, die es für deutsche Männer nicht gibt.

Bei jungen Menschen setzt sich allmählich die Einsicht durch, dass sie zusätzlich zur gesetzlichen Rente eine private Absicherung für ihren Ruhestand benötigen. Etwa 75 Prozent von ihnen haben Angst vor einer zu geringen Rente.[12] Dennoch spart nur die Hälfte von ihnen wenigstens gelegentlich für das eigene Alter. Regelmäßig sorgen nur 29 Prozent der Frauen, aber immerhin 45 Prozent der Männer für ihr Alter vor. Anlagen in Aktien und Fonds sind unter jungen Erwachsenen besonders beliebt und werden häufig selbst online gehandelt.

Es scheint also so zu sein, dass der blockierende innere Schweinehund bei immer noch viel zu vielen Menschen für Untätigkeit sorgt. So wird verhindert, den längsten Urlaub des Lebens wirklich genießen zu können. Vielleicht jedoch lässt sich diese Blockade lösen, wenn wir schlicht und einfach mehr wissen über dieses Thema »Geld«, das in unser aller Leben eine so existenziell wichtige Rolle spielt.

Was habe ich da eigentlich in meiner Reisekasse? Eine kleine Geschichte des Geldes

Im Alter benötigst du Geld für deinen längsten Urlaub. Was aber ist Geld eigentlich? Eine wichtige Frage, wenn du beabsichtigst, deine Reisekasse gut zu füllen! Es ist nämlich schwierig, Erfolg innerhalb eines Systems zu haben, das du gar nicht verstehst.

Geld hat es in der Geschichte der Menschheit zwar nicht immer gegeben, es ist aber schon ziemlich alt. Auf die Frage, was Geld eigentlich ist, gab und gibt es im Laufe der Zeit verschiedene Antworten. So lange Menschen als Selbstversorger auf die Jagd gingen, ihr Essen sammelten und alles, was sie benötigten, selbst herstellen konnten, war ein Tauschmittel wie Geld unnötig. Mit komplexeren Bedürfnissen, die nicht mehr innerhalb der eigenen Gemeinschaft erfüllbar waren, kam der Tauschhandel mit Produkten und vielleicht auch Diensten auf. »Meine Kuh gegen deine vier Gänse« – das nennen wir Naturalgeld.

Je mehr der Handel zunahm, sich über weitere Distanzen erstreckte und immer mehr Produkte und Dienste umfasste, desto komplizierter wurde es, für ein begehrtes Produkt oder eine benötigte Leistung genau das von der anderen Seite erwünschte Tauschmittel parat zu haben. So entstand die Notwendigkeit, ein Tauschmittel zu finden, das immer funktioniert. Es musste einen realen Wert haben, der überall, wo das Tauschmittel eingesetzt werden sollte, von allen Beteiligten akzeptiert wurde, Gold- und Silbermünzen zum Beispiel. Es gibt Funde in Ägypten und Mesopotamien, die belegen, dass Münzgeld bereits im vierten Jahrtausend vor Christus verwendet wurde. Der große Vorteil: Silber und Gold haben einen realen Wert und sind handelbar und tauschfähig.

Seit dem 15. Jahrhundert gibt es in Europa Papiergeld. Auf einem Zettel wurde mit Siegel ein bestimmter Wert dokumentiert. Per Gesetz war vorgeschrieben, diese Zettel als Zahlungsmittel zu akzeptieren. Der Materialwert dieses Geldes wich – im Unterschied zu dem der Münzen – vom aufgedruckten Wert ab. Wer allerdings hohe Beträge tauschen wollte, war sicherlich froh, wenn er statt 1.000 silberner Taler mit einem Gewicht von 18 Kilogramm nur zwei Banknoten im Wert von 500 Talern und einem Gewicht von wenigen Gramm herumtragen musste. Dennoch war das Vertrauen in die Papierwährung nicht gerade groß. Jeder wollte lieber Gold als Papier. Funktioniert hat das Papiergeld nur, weil die herausgebenden Banken versichern mussten, dass sie über entsprechend viel Gold verfügten, um den Gegenwert jederzeit in Münzen auszahlen zu können.

Bis zum Ersten Weltkrieg sicherte dieser sogenannte Goldstandard das Währungssystem. Es durfte immer nur so viel Geld gedruckt werden, wie staatliche Goldreserven vorhanden waren. Der Krieg beendete den Goldstandard, denn er verschlang so viel mehr Geld, als durch Gold gedeckt war, dass immer mehr Papiergeld in Umlauf kam, für das es keine Deckung mehr gab. Die Inflation war da und trieb die Preise in schwindelerregende Höhen.

Währungsreformen beendeten die Inflation: Rentenmark, Reichsmark und nach dem Zweiten Weltkrieg die D-Mark, die 2002 vom Euro abgelöst wurde, folgten aufeinander. Der Glaube an die Sicherheit der Währung wurde so wiederhergestellt. Die Anfälligkeit der gemeinsamen europäischen Währung, deren Stabilität von zahlreichen unterschiedlich wirtschaftenden Staaten abhängt, ist ein Thema, das viele noch immer der guten alten D-Mark nachweinen lässt. Die verschiedenen Mentalitäten der Nationen – die unterschiedlichen Einstellungen zum staatlichen Schuldenmachen etwa – wirken sich direkt auf den Wert des gemeinsamen Geldes aus.

Die Verlagerung von Geschäften und Zahlungsverkehr ins Internet und die Digitalisierung des Finanzwesens sind weitere Schritte in Richtung eines Tauschmittels, das nur funktioniert, weil daran geglaubt wird. Und solange daran geglaubt wird. Dieses Geld hat keinen Wert an sich.

Die Bedeutung des Geldes hat sich im Laufe seiner Entwicklung also entscheidend verändert, auch, indem es Erweiterungen erfahren hat. Eine digitale Ziffernfolge hat nicht mehr denselben Wert wie eine Kuh im ursprünglichen Tauschhandel oder wie ein Goldstück. Einen Wert hat sie nur, wenn wir daran glauben, dass die Ziffernfolge ihn hat.

Wenn du nicht glaubst, dass deine monatliche Gehaltsüberweisung (digital auf dein Konto) einen bestimmten Wert darstellt, gibt es keinen vernünftigen Grund, warum du deine Lebenszeit für die Arbeit aufwenden solltest. Wenn dein Vermieter nicht glaubt, dass deine monatliche Überweisung dem Wert der geforderten Miete entspricht, wird er dich nicht mehr in seiner Immobilie wohnen lassen. Wenn ein Online-Händler nicht glaubt, dass die Transaktionen auf seiner Plattform einen Wertaustausch in vereinbarter Höhe darstellen, wird er den Deal nicht anbieten.

Daran, dass all dies funktioniert, kannst du ablesen, wie stark und selbstverständlich wir alle – auch du – an das Geld glauben und ihm vertrauen.

Geld ist nicht gleich Geld

Das ist aber nicht alles, was es zum Geld zu sagen gibt. Denn neben der wirtschaftlichen Bedeutung des Geldes hat es soziale und psychische Bedeutungen, die für dich und deinen längsten Urlaub sehr wichtig sind. Geld steht für Anerkennung und Macht, Erfolg, Sicherheit, Lebensqualität, Unabhängigkeit und Selbstständigkeit. Deshalb kann Geld Gefühle wie Stolz oder Neid hervorrufen. Auf jeden Fall beeinflusst es maßgeblich, wie wir andere Menschen – und unbewusst auch uns selbst – bewerten.

Du wendest – körperliche oder geistige – Energie auf, um eine Leistung zu erbringen oder ein Produkt zu erzeugen, für die beziehungsweise für das jemand dir Geld gibt. Das so verdiente Geld konserviert in wirtschaftlicher Hinsicht deine Energie: Geld ist also auch Energie in einer umgewandelten Form.

Du siehst, dass Geld eng und grundlegend mit Emotionen zusammenhängt. Auf dieser Basis funktioniert Geld als Tausch- und Zahlungsmittel. Du kannst es zum Bezahlen von Produkten und Diensten, als Wertmesser und Recheneinheit sowie zum Aufbewahren und Übertragen von Werten nutzen. Und du kannst mithilfe von Geld Werte für später aufbewahren, verschenken oder vererben. Aber es gibt einen weiteren Zweck:

Setze dein Geld ein, um heute etwas für deine Zukunft zu tun!

Geld kannst du lernen

Bedauerlicherweise wird in Deutschland über Geld in nicht ausreichendem Maß informiert. So ist es um das Wissen zu diesem Thema, das uns alle angeht und in so gut wie jeden Lebensbereich hineinspielt, bei den meisten von uns eher schlecht bestellt. Oft gehört es nicht zur Erziehung im Elternhaus und erst recht nicht zur schulischen Ausbildung, über Geld zu sprechen. Auch die meisten Berufsausbildungen machen einen großen Bogen um das Thema. Das ist gar nicht gut, denn so bleiben wir alle Geld-Analphabeten, wenn wir uns nicht aus eigener Kraft darum bemühen, dies zu ändern. Das ist gar nicht so schwer, wie du jetzt vielleicht denkst.

Ich habe bereits als Azubi angefangen, etwas über Geld zu lernen. Und zwar nicht, weil es Teil meiner Ausbildung war, sondern weil mein Ausbilder mich bezüglich meiner Vertriebsgespräche häufig ins kalte Wasser geworfen hat. Unerfahren und allein im Dialog mit Kunden, die hohe Erwartungen an das Gespräch richteten, war es zwar nicht einfach, aber lehr- und hilfreich für mich, ohne größere Erfahrungen in diese Vertriebsgespräche hineinzugehen. Ich habe damals verstanden, dass es unmittelbar mit mir, mit meiner Einstellung zu meinem Gegenüber, aber auch mit meiner Einstellung zum Geld zu tun hat, wie erfolgreich ich bin. Für mich wurde deutlich, dass ich dann am erfolgreichsten war, wenn ich nicht um jeden Preis den lukrativsten Abschluss anstrebte, sondern aus meiner Überzeugung das Beste für meinen Kunden suchte und empfahl. Ich habe ein Vertrauen zu mir entwickelt, das mich bis heute trägt. Das ist mein innerer Weg, den ich eingeschlagen habe und seither erfolgreich gehe.

Aus meiner Lebensgeschichte habe ich auch etwas für die Erziehung unserer drei Töchter mitgenommen: Meine Frau und ich sprechen mit ihnen über Geld. Wir ermuntern sie, sich mit Geld zu belohnen, wenn sie etwas geleistet haben. Wir nehmen sie sogar mit zu Terminen beim Steuer-, Bank- oder Vermögensberater, auch, wenn das, worum es dort geht, ihren Horizont übersteigt. Wir haben so über die Jahre erreicht, dass sie von klein auf gelernt haben, dass Geld zum Leben dazugehört. Sie fürchten sich nicht davor. Sie haben Vertrauen in sich und ihre Fähigkeiten entwickelt, Geld zu verdienen und sich auf diese Weise aus eigener Kraft ein Leben aufzubauen und zu sichern, das sie sich wünschen. Sie lernen von uns und durch unser Vorbild, wie es funktioniert, sich selbst zu belohnen und sich auf ein schönes, sorgenfreies Später zu freuen.

Genau das möchte ich dir ans Herz legen:

Wende dich dem Thema »Geld« zu. Lerne, was Geld für dich
bedeutet. Lerne, wie Geld funktioniert. Vor allem: Lerne, wie es
für dich funktioniert. Denn Geld gehört zu deinem Leben dazu.
Was du darüber wissen musst, kannst du lernen. Tu es!

Ich habe für mich viele Wege ausprobiert und nutze sie bis heute. Ich sorge
dafür, dass die Informationen, die ich benötige, mir online oder in gedruckter Form zur Verfügung stehen. Und ich besuche Seminare und Workshops
in allen Formaten. Für mich sind persönliche Gespräche sehr fruchtbar. In
meinem Garten steht ein gemütlich eingerichteter Bauwagen, in den ich
sehr unterschiedliche Gesprächspartner bitte. Ich lade Menschen ein, die
es zu großem Reichtum gebracht haben. Oder auch nicht. Oder die sich ein
Vermögen erarbeitet und aufgebaut und es dann wieder verloren haben.
Ich frage nach, wie sie vorgegangen sind und was passiert ist. Was sie über
Geld und Wohlstand oder Armut gelernt haben. Was sie anders oder wieder
genauso machen würden.

Sich zu informieren ist heute einfacher als je zuvor. Egal, wie du es
anstellst, du wirst vermutlich genau wie ich merken, dass nicht alles, was
du hörst oder liest, dich unmittelbar weiterbringt. Aber auch das, was für
dich uninteressant ist, ist letztendlich wertvoll für dich, denn so kannst
du manches ausschließen, das nur deine Zeit und deine Energie gebunden
hätte, ohne dich deinem Ziel näherzubringen.

Es gibt eben nicht nur den einen goldenen Weg, der für alle funktioniert. Du wirst in der Vielfalt aber immer wieder etwas entdecken, was
für dich passt. Nimm diese Dinge und füge sie zu dem zusammen, was für
dich stimmig ist.

Finde deine eigene Richtung! Schlage sie ein! Fange an, mache
dich auf deinen Weg und gehe ihn immer weiter! Vertraue dir und
bleibe auf deinem Weg!

Ich werde dir später noch mehr und konkretere Anregungen dafür geben, was du tun und an welchen Stellschrauben du in deinem Leben drehen solltest, um deinen persönlichen Traumurlaub im Alter zu erreichen. Jetzt aber wollen wir erst einmal eines der entscheidenden Grundprinzipien des erfolgreichen Sparens kennenlernen.

Mach es wie
Reiseexperte Opa Heinz

Opa Heinz ist immer gern gereist. Vor allem aber konnte er schon immer gut mit Geld umgehen. Deshalb hat er es in seinen Arbeitsjahren durch Sparsamkeit und geschicktes Anlegen zu einem ansehnlichen Vermögen gebracht. Davon wollte er seinen Enkelkindern schon zu Lebzeiten etwas abgeben. Weil ihn seine Lebenserfahrung und sein finanzieller Erfolg gelehrt haben, dass Vorsorge sich auszahlt, hat er für jedes seiner Enkelkinder zum 20. Geburtstag 25.000 Euro – gehen wir zur Vereinfachung davon aus, dass es den Euro schon damals gegeben hätte – in einem Aktienfonds angelegt, der sich an der Entwicklung des Deutschen Aktien Index (DAX) orientiert. Das Geld blieb 45 Jahre unangetastet liegen. Das hatte der kluge Opa Heinz so verfügt. 1950 wurde sein erstes Enkelkind zum Twen. Pünktlich alle fünf Jahre durfte er sich über ein weiteres Enkelkind freuen. 1975 wurde sein jüngstes 20 Jahre alt. Schauen wir uns an, wie sich die Werte entwickelt haben.

DAX-orientierter Aktienfonds: Fondak

Startjahr	Endjahr	Wert am Ende in Euro	Rendite p. a.
1950	1995	3.046.230	11,27 %
1955	2000	2.324.654	10,61 %
1960	2005	612.665	7,37 %
1965	2010	923.275	8,35 %
1970	2015	1.020.240	8,60 %
1975	2020	892.836	8,30 %

Klar, die Aktienkurse schwankten in 45 Jahren. Und ebenso änderte sich der Wert des Fonds, auf den Opa Heinz gesetzt hat. Außerdem wurde eine Währungsreform[13] durchgeführt. Aber über alles betrachtet, hat Opa Heinz durchschnittliche jährliche Renditen erzielt, von denen du in Zeiten von

Negativzinsen nur noch träumen kannst. Da die dafür angefallenen Zinsen 45 Jahre lang im jeweiligen Depot verblieben, hat sich das Kapital stetig vermehrt und durch den Zinseszinseffekt erheblich an Wert gewonnen. Je nach dem Startjahr stand nach 45 Jahren der 24-fache bis 120-fache Wert der ursprünglichen Geldanlage zur Verfügung.

Aktuelle Zahlen[14] mit einer Hochrechnung über 50 Jahre liefert das Deutsche Aktieninstitut und konkretisiert das Prinzip so: »Wer Ende 1995 Aktien kaufte und bis Ende 2020 hielt, erzielte in diesem Zeitraum eine durchschnittliche jährliche Rendite von 7,8 Prozent.« Das Fazit des Deutsche Aktieninstituts lautet: Durch langfristiges Sparen lässt sich die Rendite auf hohem Niveau stabilisieren – bei einem Anlagezeitraum von 30 Jahren liegt die Rendite nach diesen Berechnungen im Durchschnitt bei etwa neun Prozent.

Zurück zu Opa Heinz. Über die gewaltigen Summen, die er am Ende der Laufzeit seinen Enkeln schenken konnte, hat Opa Heinz nie selbst verfügt. Aber weil er sich frühzeitig von einem Teil seines Vermögens getrennt – also darauf verzichtet hat, ihn selbst zu verbrauchen – und diesen Teil in der einmal gewählten Anlage nie angerührt hat, sind daraus beträchtliche Vermögen für seine Enkelkinder entstanden.

Ein kleines Gedankenexperiment mit großer Wirkung

Zur Verdeutlichung des dahinter stehenden Prinzips bitte ich dich, dich auf ein Gedankenexperiment einzulassen: Stell dir einen See vor, auf dem eine erste Seerose blüht. Stell dir nun weiter vor, dass sich die Zahl der Seerosen an jedem Tag verdoppelt. Am zweiten sind es zwei, am dritten vier, am vierten acht und so weiter. Bei unserem gedachten See ist so am Tag 28 ein Viertel der Fläche mit Seerosen bedeckt.

Was meinst du: Wie lange dauert es jetzt noch, bis der ganze See bedeckt ist?

Zwei Tage! Denn am nächsten Tag ist bereits die Hälfte der Fläche bedeckt. Und nur einen Tag später – am 30. Tag – ist der ganze See eine einzige blühende Seerosenfläche! Diesen Effekt – den Zinseszinseffekt – nutzt du für dich, wenn du wie Opa Heinz Geld anlegst und bis zum Stichtag nie wieder anfasst, sondern Erträge einfach mit beim Kapital lässt.

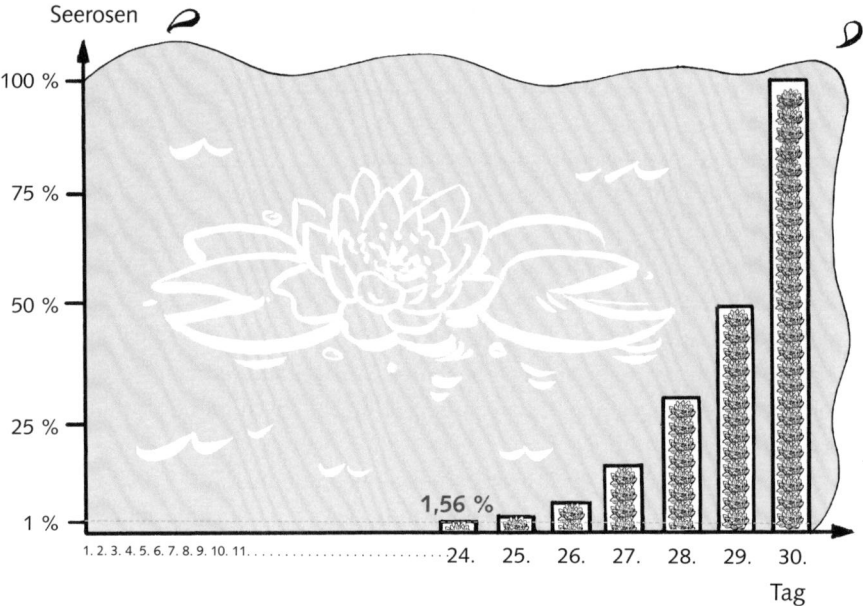

Das Seerosen-Experiment

Am Seerosen-Beispiel kannst du sehen, wie unfassbar schnell sich der Zuwachs in der letzten Phase vollzieht. Dasselbe gilt für dein Kapital: Zu Anfang ist der Zuwachs noch nicht so groß, besonders, wenn du mit einem kleinen Kapital anfängst. Lass es lange liegen. Nimm nichts weg – lege möglichst viel dazu. Und dann, kurz bevor du den längsten Urlaub deines Lebens antrittst, werden die Zahlen richtig nett. Dazu eine andere Geschichte, die sich um die Erfindung des Schachspiels rankt und in Indien spielt:

Ein weiser Brahmane erfand das Schachspiel und schenkte es seinem tyrannischen Herrscher, um ihn gnädig zu stimmen. Der war davon so beeindruckt, dass er dem Brahmanen einen Wunsch gewährte. Der pfiffige Mann wünschte sich Weizenkörner: eines auf dem ersten Feld des Schachbretts, zwei auf dem zweiten, vier auf dem dritten und so weiter – auf jedem folgenden Feld sollte die doppelte Anzahl der Körner des vorherigen Feldes liegen.

Der Herrscher wusste nicht recht, ob er sich über diese Bescheidenheit freuen oder ärgern sollte, willigte aber ein. Wie sich zeigte, hatte er die Wirkung der Exponentialfunktion übersehen. Die versprochene Getreidemenge überstieg die Ernten (nicht nur) in seinem ganzen Reich bei Weitem. Denn setzen wir das Prinzip bis zum 64. Feld fort, müssten auf allen Feldern des Schachbretts mehr als 18 Trillionen Körner liegen, rund eine Billion Tonnen Weizen. Zum Vergleich: Für das Erntejahr 2021/22 ermittelt de.statista.com eine Weltjahresernte von 778,5 Millionen Tonnen.

Ob der tyrannische Herrscher den Wunsch des Brahmanen mit Humor aufgenommen hat, darf bezweifelt werden. Erfüllen konnte er ihn definitiv nicht.

Was hat das mit unserem Thema und mit dir zu tun? Nun, 64 Wiederholungen des Zinseszinseffektes auf ein einmal angelegtes Kapital haben durchaus Platz in einem ganz normalen Leben. Etwa, wenn Eltern frühzeitig den Grundstock für ihr Kind anlegen. Zum Beispiel bei dessen Geburt. Und wenn das kluge Kind den Sparplan während der eigenen Lebensarbeitszeit unverändert fortsetzt. Außerdem endet dein Leben ja nicht, wenn du in Rente gehst. Je nach deinem Renteneintrittsalter hast du statistisch noch über 20, vielleicht 30 Jahre vor dir. Auch in diesen Jahren kannst du Renditen erhalten.

Und selbst, wenn es keine 64 Jahre mehr werden: Es lohnt sich! Was Opa Heinz für seine Enkel getan hat, kannst und solltest du auch für dich selbst und für deine Kinder tun!

Erfolg hat drei Buchstaben: Tun

Vielleicht bist du der Meinung, es Opa Heinz nicht gleichtun zu können, weil du kein Geld übrig hast? Über welche Beträge reden wird eigentlich? Stell dir vor, du möchtest im Alter eine Zusatzrente in Höhe von 500 Euro haben. Dafür musst du regelmäßig etwas zurücklegen und nicht antasten. Schau einmal,[15] wie sich das Problem im Laufe deines Lebens vergrößert, wenn du immer wieder Ausreden findest, nicht zu sparen:

Lebens-phase	Ausrede	Notwendiger Sparbetrag bis zum Ende des Berufslebens, um Zusatzrente in Höhe von 500 Euro zu erreichen
0 bis 18	»Sparen kann ich noch nicht. Ich bin zu klein.«	40,20 €
19 bis 25	»Von meinem ersten Geld sparen? Ich komm doch jetzt schon kaum damit aus.«	86,70 €
26 bis 35	»Ich verdiene jetzt gerade mal etwas. Jetzt möchte ich was vom Leben haben.«	136,00 €
36 bis 45	»Die Kinder kosten ganz schön Geld. Sparen, das schaffe ich jetzt nicht.«	238,00 €
46 bis 63	»Jetzt kann ich zwar sparen, aber nicht genug, um auf einen grünen Zweig zu kommen.«	492,00 €
Ab 64	»Meine Rente reicht hinten und vorne nicht. Naja, ich schränke mich halt ein. Mensch, hätte ich nur früher mal …«	

Auch, wenn die angesetzten Zahlen aktuell zu optimistisch sind, machen sie eines ganz klar: Hätten deine Eltern mit dem Sparen für dich begonnen und hättest du es einfach fortgesetzt, wärest du dein Berufsleben lang mit dem kleinsten Betrag (in dem Beispiel mit 40,20 Euro) ausgekommen.

Geld für deine ganz große Urlaubskasse

Nun wirst du bestimmt sagen, dass du leider keinen Opa Heinz hast. Und schon gar nicht selbst im Geld schwimmst. Vielleicht ist es bei dir eigentlich immer knapp und du würdest gern mehr ausgeben, als du regelmäßig zur Verfügung hast. Aber glaub mir: Du verfügst über genügend Handlungsspielräume, die du nutzen kannst.

Eines der besten Beispiele dafür, dass sich auch mit einem sehr kleinen Einkommen ein Vermögen aufbauen lässt, ist eine Krankenschwester, die zu meinen Versicherungskundinnen gehört. Sie hat das Opa-Heinz-Prinzip früh beachtet und war darum bereits im frühen Alter von 20 Jahren in der Lage, aus eigener Kraft eine kleine Eigentumswohnung für sich zu finanzieren. Bezahlen wird sie sie mit Rücklagen, die sie seit ihrer Kindheit gebildet hat, und aus ihrem – wie wir alle wissen – nicht übermäßig hohen Einkommen als einfache Krankenschwester. Sie hatte schon als Kind Spaß daran, ihr Geld weg- und anzulegen und war sich nie zu schade, bezahlte Extraaufgaben zu übernehmen.

Es geht also. Auch ohne Opa Heinz, Lottogewinn oder Erbtante.

Lass uns doch einmal schauen, ob es nicht auch bei dir in jedem Monat etwas Geld gibt, das zwar nicht verplant ist, aber trotzdem immer seinen Weg in die Taschen anderer findet. Wahrscheinlich wirst du staunen, wie viel Geld sich aus deinem monatlichen Budget freimachen lässt, ohne dass du auf Wesentliches verzichten müssest:

- Nutze die nächste Gehaltserhöhung für die Vermögensbildung. Du bist bisher ohne das Plus ausgekommen – dann klappt das auch zukünftig!
- Prüfe, ob es sinnlose Geldsenken in deinem Budget gibt. Das sind Ausgaben, die dich nur etwas kosten, ohne dir irgendwie zu nutzen.
- Nutze steuerlich begünstigte Anlageformen (sie müssen aber profitabel sein: kein Riester – es gibt bessere Lösungen!) – hier bekommst du etwas dazu.

- Nutze Anlageformen, für die es einen Arbeitgeberzuschuss gibt – auch hier bekommst du etwas dazu.

Du merkst: Da geht was! Und das Schönste ist, dass du dieses Umlenken deines Geldes nicht spüren wirst. Dir fehlt nichts, wenn du dich daran hältst. Denn du verzichtest auf Dinge, von denen du schon vorher außer Kosten nichts gehabt hast. Und wenn du Steuervorteile und Zuschüsse für deine Vorsorge annimmst, bekommst oder behältst du Geld, das dir sonst entgehen würde.

Es gibt grundsätzlich zwei Schrauben, an denen du drehen kannst, um mit der Vermögensbildung aus eigenen Mitteln zu beginnen:

1. Schau dir deine Ausgaben kritisch an und frage dich, was sein muss und auf was du verzichten kannst.
2. Entscheide dich für einen fixen monatlichen Betrag und lege eine Anlageform fest, die zu dir passt und die einträglich ist.

Selbst, wenn es zunächst wenig sein sollte: Fang an! Nimm das Geld in die Hand und leg es für deinen längsten Urlaub zur Seite. Sieh es als Belohnung für dich selbst an. Dazu sage ich später mehr.

Handeln führt zur kürzesten Distanz zwischen Traum und Realität

Das ist mein Vorschlag, wie du vorgehen solltest:

- Definiere ein klares Ziel, das du erreichen willst, zum Beispiel als Rentner 80 Prozent vom Netto zur freien Verfügung zu haben.
- Bestimme Zwischenziele, um deinen Fortschritt überprüfen zu können. Leg dir dafür eine Tabelle zu all deinen Geldanlagen an und trage deren Werte zu festgesetzten Stichtagen ein.
- Formuliere einen realistischen Plan, der dein Einkommen visualisiert und deine Ausgaben kontrolliert.
- Beschäftige dich regelmäßig mit deiner Vermögensbildung, definiere dafür einen Rhythmus (wöchentlich, monatlich), und halte ihn ein!

- Begeistere dich für dein Ziel. Es ist großartig!
- Nimm Unterstützung und Belohnungen an, wo sie sich bieten. Guter Rat und Zuspruch helfen dir genauso wie steuerliche Entlastungen oder Arbeitgeberbeiträge.
- Schließe einen Vertrag mit dir selbst, um dein Ziel zu erreichen. Setz ihn schriftlich auf, mit Datum und verbindlicher Unterschrift. Es zieht negative Konsequenzen für dich nach sich, wenn du dich nicht an ihn hältst!

Und daran erkennst du, dass du die für dich richtige Richtung eingeschlagen hast:

- Du hast finanzielle Ziele definiert, auf die du hinarbeitest.
- Du hast begonnen, dich mit deiner Altersvorsorge zu beschäftigen.
- Du bist dir völlig im Klaren darüber, WARUM du das machst.
- Du spürst, wenn du daran denkst und es visualisierst, Zufriedenheit, Harmonie und Glück.
- Du gibst dein Geld nicht impulsiv aus. Wenn es um Geld geht, handelst du rational. Lobe dich für jedes Nein zu einer unnötigen Ausgabe.
- In deiner Partnerschaft kommunizierst du transparent über Geld.
- Du nimmst keine unnötigen Schulden auf.
- Du lernst in Sachen Geld immer nur von Profis.
- Du bildest dich zu dem Thema »Geld und Anlagen« weiter. Hierin schlummert ein weithin verkanntes Vermögen, das du für dich nutzen solltest.
- Du suchst dir einen Mentor für die Vorsorge. Ein Reisebüro für die Planung deines längsten Urlaubs – um in unserem Bild zu bleiben.

Wenn du im Moment noch vor der Frage stehst, ob du dich daran wagen sollst, dann rate ich dir: Mache es! Zweifle nicht! Bleibe dabei! Ändere nichts! Sei mutig!

Im Folgenden empfehle ich dir zwei spannende Bücher, die dir helfen, meinen Rat in die Tat umzusetzen.

Zwei Buchempfehlungen

Die Vorteile des Geldanlegens über lange Zeiträume sind jetzt klar. Bleibt nur noch das nicht unbedeutende Thema: Woher nehmen, wenn nicht stehlen? Ich möchte dir zeigen, dass dir das dazu notwendige Geld durchaus zur Verfügung steht, und zwar selbst dann, wenn du nicht gerade im Überfluss lebst.

Du fragst, wo dieses Geld herumliegen soll? Entscheidend ist deine Art, mit dem Geld zu wirtschaften, auf dessen Verwendung du Einfluss nehmen kannst. Mach dir zunächst klar, dass du nicht von deinen Einnahmen lebst. Vielmehr gilt:

Du lebst von der Differenz zwischen deinen Einnahmen und deinen Ausgaben!

Für deine Wohlfahrt im Alter verfügst du also über zwei wichtige Stellschrauben:

1. deine Ausgaben
2. deine Einnahmen

Als vorbereitende Reiselektüre des längsten Urlaubs deines Lebens gebe ich dir zwei Buchempfehlungen an die Hand: das Sparbuch und das Haushaltsbuch. Nanu, wirst du vielleicht denken, wie soll ich denn daraus etwas für später lernen? Außer aktuellen Zahlen steht doch nichts darin. Falsch gedacht! Du kannst sehr viel daraus lernen und vor allem klar erkennen, wie deine finanzielle Situation aussieht, welche Möglichkeiten sie dir offen lässt und was du dir für später zurücklegen kannst.

Das Sparbuch: Übersicht über regelmäßige und außergewöhnliche Einnahmen

Als es auf Festanlagen noch schöne Zinsen gab, war das gute alte Sparbuch eine angemessene Anlageform: Es verband ein geringes Risiko mit sicherem Ertrag, der über Jahre genau kalkulierbar war. Das ist leider Geschichte und wird auf lange Sicht wohl nicht wieder so werden.

Das Sparbuch, das ich dir ans Herz lege, ist natürlich nicht das kleine Heft deiner Bank oder Sparkasse, das die traurige Wahrheit dokumentiert, dass dir dort dein Geld nichts mehr einbringt, sondern dich im schlechtesten Fall sogar etwas kostet. Mit dem Sparbuch meine ich vielmehr die Übersicht über deine regelmäßigen und außergewöhnlichen Einnahmen. Du kannst mit seiner Hilfe klar erkennen, wie viel du bekommst und zum Ausgeben oder Zurücklegen in verschiedene Töpfen zur Verfügung hast. Zudem kannst du daran erkennen, ob du heute genug verdienst, um deine zukünftigen Wünsche zu erfüllen. Dabei gilt: Das Verteilen auf verschiedene Töpfe ist ein unglaublich nützlicher Trick, um den Schalter im Kopf umzulegen.

Und »Töpfe« meine ich ganz wörtlich. Auf meinem Schreibtisch stehen verschiedene Spardosen. Jede einzelne steht für ein besonderes Sparziel, das ich erreichen möchte. Zahlen auf einem Konto sind abstrakt. Meine Spardosen sind dagegen konkret – und gerade dadurch sehr hilfreich für mich, meine Sparziele immer vor Augen zu behalten. Wie ich sie genau nutze, erzähle ich später ausführlich.

Das Haushaltsbuch

In dem Haushaltsbuch notierst du deine notwendigen Ausgaben, aber auch deine nutzlosen Geldsenken. Schreibe dir alle regelmäßig wiederkehrenden Ausgaben unter diesen Gesichtspunkten auf:

1. Was ist Pflicht?
2. Was ist wichtig?
3. Was gehört zu »Ist nett, wenn ich es habe«?
4. Was ist nur noch dabei, weil ich bisher nicht genau hingeschaut habe?

Die beiden letzten Punkte sind besonders ergiebige Geldquellen für dich. Prüfe, ob zum Beispiel alte Abonnements dabei sind, die du so oder in der laufenden Form gar nicht (mehr) nutzt. Vielleicht hast du sie im Rahmen eines Lockangebotes zu günstigen Konditionen abgeschlossen und einfach weiter laufen lassen. Mittlerweile sind sie teuer und erfüllen einen Zweck, den du vielleicht gar nicht mehr anstrebst. Also: Brauchst du das Abo wirklich? Nutzt du es? Gibt es Alternativen dazu, die günstiger oder womöglich kostenlos sind?

Sei ehrlich mit dir: Ein Klassiker ist das ungenutzte Abo für das Fitnessstudio. Eigentlich hast du keine Lust dazu, aber mit dem Abo lässt sich dein schlechtes Gewissen etwas beruhigen. Spar das Geld. Bewegen kannst du dich – wenn du wirklich willst – auch ohne Studio. Oder schließe ein neues Abo ab – aber nur, wenn du wirklich sicher bist, dass du es nutzen wirst.

Eine Freundin von mir hat für ihren Sohn vor Jahrzehnten ein kostspieliges Sammler-Abonnement für deutsche Briefmarken abgeschlossen. Das Problem: Der Sohn hat sich bisher nie für Briefmarken interessiert, sodass die Briefmarken(an)sammlung von niemandem betreut und gepflegt wird. Ob der mittlerweile gewaltige Haufen von unsortierten Marken einen Wert hat, ist ungewiss. Gewiss ist, dass er einen gewaltigen Haufen Geld verschlungen hat – Geld, das an anderer Stelle besser angelegt gewesen wäre.

Hast du ältere Versicherungen? Es lohnt sich, von Zeit zu Zeit neue Angebote einzuholen und die Konditionen zu vergleichen. Viele Altverträge sind bezüglich des Preis-Leistungs-Verhältnisses ungünstiger als neue. Du kannst auf Vergleichsportalen schnell einen Überblick gewinnen. Es gibt dort die Möglichkeit, die regelmäßigen Vergleiche zu automatisieren. Bequem und für jede und jeden machbar.

Sind alle deine Versicherungen wirklich notwendig? Dazu werde ich dir in dem Kapitel »Sicher auf der Anreise zu deinem längsten Urlaub« ein paar hilfreiche Tipps und Fragen mit auf den Weg mitgeben. Kümmern wir uns also zunächst einmal um deine Verbrauchskosten. Wie sieht es damit aus? Vergleichst du die Angebote für Strom, Gas und Wasser? Und wechselst du, wenn dir günstigere Konditionen angeboten werden? Auch dafür sind die Vergleichsportale eine gute Hilfe. Aber Achtung: Vergleichsportale bieten zwar eine große Auswahl, aber keine vollständige Marktübersicht. Wenn du es genauer wissen willst, solltest du mehrere Vergleichs- und Informationsquellen nutzen. Der höhere Aufwand kann sich bei stark steigenden Energiekosten schnell bezahlt machen.

Die fünf häufigsten Fehler beim Geldanlegen … und wie du sie vermeidest

Niemand wird von heute auf morgen zum Anlageprofi. Das geschieht nur mit der Zeit, wenn du dich engagiert mit dem Thema beschäftigst. Aber wie du schon gesehen hast, kannst du eine Menge ausrichten, bevor es überhaupt um die konkrete Entscheidung für eine (oder mehrere) geeignete Anlageform(en) geht.

Selbst ein Anlagegenie wie Warren Buffett hatte keine blasse Ahnung vom Geldanlegen, als er das Licht dieser Welt erblickte.

Das trifft auch auf die fünf häufigsten Fehler beim Geldanlegen zu:

- Fehler Nummer 1: Nicht über Geld reden und keine Fragen stellen
- Fehler Nummer 2: Keine Geduld bei der Umsetzung der eigenen Ziele haben und gierig sein nach besonders hohen Renditen
- Fehler Nummer 3: Ohne eigene Liquidität (auf Pump) investieren
- Fehler Nummer 4: Als junger Mensch mit dem Eigenheim in die Vermögensbildung einsteigen
- Fehler Nummer 5: Ohne klares Ziel und ohne Wissen anfangen

Aber natürlich gibt es Wege, wie du Vermögen bilden kannst, ohne diese Fehler zu begehen.

Fehler Nummer 1: Nicht über Geld reden und keine Fragen stellen

Beginnen wir mit einer einfachen Frage: Woher soll dein Wissen kommen, wenn du dich nicht für das Thema interessierst und du nicht mit anderen, die schon weiter sind, über die Planung des längsten Urlaubs deines Lebens sprichst? Für die meisten meiner Kunden bin ich der erste Gesprächspartner, der sich intensiv mit ihren Vorstellungen und finanziellen Lebensplanungen auseinandersetzt. Als Verbraucher werden sie natürlich häufig genug gefragt, ob sie nicht noch 50 Euro oder 100 Euro für diese oder jene Rente oder Anlage ausgeben wollen. Aber das geschieht zumeist nicht auf der Basis von sorgfältiger Planung.

Ich ermuntere dich gerade, viel über Geld zu sprechen. Suche dir dafür deine Strategien und passende Maßnahmen.

Vielleicht kannst du die Ideen nutzen, die ich für mich erfolgreich umgesetzt habe und die sich also bereits bewährt haben.

Erste Idee: Lade dir interessante Gesprächspartner ein oder suche sie auf, stelle Fragen, höre ihnen zu und ergänze dein Wissen

Ich selbst habe zum Beispiel Personen angesprochen, die

- sehr vermögend sind,
- gut mit Immobilien umgehen können,
- leicht viel Geld verdienen,
- geschickt mit Fonds und Aktien handeln,
- täglich mit Geld zu tun haben,
- bei einer Bausparkasse arbeiten oder
- Freunde von Kapitalanlagen bei Versicherern sind und sich deshalb gut damit auskennen.

Zu Hause habe ich – wie bereits erwähnt – einen gemütlichen Bauwagen zu einem Rückzugsort am See umgebaut, in dem ich mit diesen Menschen ungestört sprechen kann. Bei einem kleinen Frühstück und einem guten Kaffee bitte ich meine Gäste, mit mir ihr Wissen zu teilen. Dabei habe ich gemerkt: Es gibt immer eine Geschichte hinter dem Vermögen. Es gibt immer ein WARUM, eine klare Strategie: »Ich habe das und das getan, weil ich das und das erreichen wollte.« Und bei allen, die es geschafft haben, sehe ich die klare Haltung und den festen Willen, aus den gegebenen Möglichkeiten jeweils das Beste zu machen. Für mich steht fest: Diese Menschen und ihre Geschichten haben mir sehr geholfen. Ich habe nach meiner eigenen Geschichte gefragt, nach meinem WARUM, nach meiner Haltung und Strategie.[16]

Zweite Idee: Jahresgespräch mit deiner Familie

Diese Idee habe ich einem Bekannten abgeschaut, der sich einmal im Jahr mit Frau und Kindern zusammensetzt, um sich über das vergangene und das anstehende Jahr mit all seinen Plänen, Aktivitäten und Umsetzungen zu unterhalten. Er hat mir klar gemacht, dass es sehr sinnvoll ist, Dinge laut auszusprechen und sie in den Ohren der Liebsten klingen zu lassen. Seitdem ich so handle, haben meine Pläne ein anderes Gewicht und eine größere Bedeutung, ihre Umsetzung erfolgt auf einem viel höheren Niveau. Durch das Jahresgespräch fühlst du dich verpflichtet, deine Pläne wirklich zu realisieren, denn du willst doch nicht im nächsten Jahr im selben Kreis erklären, dass und warum es nicht geklappt hat. Das gilt für dich und ebenso für deine Kinder – das Jahresgespräch kann also auch ein wertvolles Erziehungsinstrument sein.

Ich habe diese Strategie für meine Frau, unsere drei Töchter und mich übernommen. Ergänzt habe ich unsere Runde um einen Vertrauten, der jeweils am 1. Mai zum Gespräch zu uns kommt. Wir sprechen ebenfalls über das vergangene und das zukünftige Jahr – und natürlich auch über Geld. Dieser Externe ist für uns deshalb so wichtig, weil er ein ruhiger wertschätzender Moderator ist, der zwar zu uns allen ein gutes Verhältnis, aber auch den nötigen Abstand hat. Er kennt uns nicht aus dem Effeff und thematisiert darum oft Aspekte, die zwischen uns, den Familienmitgliedern, gar nicht erst zur Sprache kommen. Unser Moderator ist durch den lukrativen Verkauf seiner Firma wohlhabend und muss also mit viel Geld umgehen. Ein idealer Gesprächspartner!

In unsere Jahresgespräche streuen wir auch spielerische Elemente ein. Wir sprechen nicht nur über Verdienst, Rücklagen und Urlaubspläne, sondern starten manchmal ein spontanes Quiz: Was kostet ein Pfund Butter? Was kostet ein Kreuzfahrtschiff? Oder was kostet ein Kilo Gold? Das macht nicht nur unseren Kindern Spaß, sondern uns Erwachsenen auch. Und das ist gut so, denn die Beschäftigung mit Geld kann nicht nur, sondern soll dir und deinen Liebsten Spaß machen!

Dritte Idee: Jahresgespräche mit Bank, Versicherer, Steuerbüro vereinbaren ... und dazu die ganze Familie mitnehmen

»Wie bitte?«, wird nun mancher fragen. »Kinder zu solchen Gesprächen mitnehmen?« Ja! Das ist eine großartige Investition in die Zukunft deiner Kinder – die praktisch nichts kostet. Üblicherweise hat in einer Familie nur eine Person das Wissen über Geld, Steuern, Versicherungen, Anlagen und alle anderen finanziellen Angelegenheiten. Diese Person spricht meist auch nicht viel darüber, sondern regelt das alles allein. Alle anderen tappen im Dunkeln. Meine Frau und ich haben uns vor Jahren klar gemacht, dass das keine gute Idee ist. Seit damals laden wir unsere Kinder ein, an diesen Terminen teilzunehmen. Bei kleinen Kindern ist das Interesse an diesen Themen naturgemäß eher gering, und ihre Aufmerksamkeit entsprechend auch. Aber dasselbe galt in jungen Jahren auch für Arztbesuche, den Kauf von Kleidung oder Nahrungsmitteln – und dennoch waren sie dort doch auch oft dabei.

Was an Wissen aus diesen frühen Begegnungen mit dem Thema hängen bleibt, kann ich nicht im Einzelnen belegen. Aber dass das Thema als selbstverständlicher Bestandteil des Lebens wahrgenommen wird, dem Aufmerksamkeit zugewandt werden muss, das ist bei unseren Kindern auf jeden Fall angekommen. Sie kümmern sich – mittlerweile herangewachsen – sehr verantwortungsvoll um ihr Geld.

Vierte Idee: Spielerisch über Geld reden und dabei lernen

Vielleicht findest du es merkwürdig, ein ernstes Thema leicht anzugehen. Tatsächlich ist es eine gute Idee und hat etwas damit zu tun, was das Spiel mit unserem Gehirn macht. Wir lernen – nicht nur als Kinder – spielerisch. Darum haben wir in unserer Familie ein wöchentlich stattfindendes Spiel eingeführt. Beim gemeinsamen Frühstück am Samstagmorgen spielen wir es miteinander oder auch mit Gästen: Jeder und jede erzählt drei Geschichten aus der vergangenen Woche – und eine davon muss falsch sein. Alle hören viel aufmerksamer zu, weil sie das Spiel gewinnen wollen. Es fördert auch die Kreativität und Inspiration, weil alle ihre Lüge so gut verpacken wollen, dass die anderen sie nicht auf Anhieb erkennen. Ich selbst mische immer etwas Alltägliches über Finanzen in die Auswahl und lasse dann raten – so zum Beispiel:

- »Letzte Woche war einer bei mir im Büro und wollte zu einem Glasschaden in Höhe von 120 Euro noch 40 Euro zusätzlich haben, um seinen Aufwand für die Fahrtkosten auch abzudecken.«
- »Einer meiner Kunden hat erzählt, dass er 1998 eine Immobilie für 400.000 DM gekauft hat, die er 2022 endgültig abbezahlt und für 600.000 Euro wieder verkauft hat.«
- »Meine Mitarbeiterin hat sich ein richtig gutes E-Bike für 7.000 Euro bei www.jobrad.de gekauft, um damit zur Arbeit zu fahren. Bezahlen muss sie nur etwa 60 Prozent des eigentlichen Preises, weil ich ihr als Arbeitgeber die durch die Gehaltsumwandlung eingesparten Sozialversicherungskosten erstatte.«

Was meinst du? Was ist gelogen? Schreib mir – mich interessiert, ob du die Lüge entdeckst.

Fünfte Idee: Such dir früh einen Mentor oder eine Mentorin

Leider sind die meisten von uns ohne Wissen und Kenntnisse in Gelddingen mit ihren frühen Entscheidungen über Arbeitsverträge, Gehalt, Mieten, Bankgeschäfte oder Versicherungsprodukte konfrontiert worden. Das hat sich nicht gut angefühlt und ist auch nicht gut, denn vielfach werden dabei die Weichen für das ganze weitere Leben gestellt. Faktisch liefert sich jeder ahnungslose junge Mensch einem viel besser geschulten und informierten Gegenüber aus, das eigene Interessen mit dem Geschäft zu verknüpfen versteht. Ob solche Gesprächspartner besonders wohlmeinend oder fair sind, lässt sich oft erst im Nachhinein ermitteln. Diese völlige Ahnungslosigkeit hat ihren Ursprung darin, dass in Deutschland selbst die elementarsten Kenntnisse rund um Geld und Geldgeschäfte nach wie vor nicht zur Allgemeinbildung und zum Allgemeinwissen gezählt und darum Kindern und Jugendlichen nicht nahegebracht werden. Das deutsche Bildungssystem bringt Finanz-Analphabeten hervor.

Das beschreibt dich auch und das willst du nun aber schleunigst ändern? Gut so! Denn dir sollte klar sein: Nur wenn du ausreichend Wissen und Erfahrung in deinen Geldangelegenheiten hast, kannst du in deinem Sinne richtig entscheiden.

Etwas sehr Wichtiges hast du bereits getan: Du hast zugegeben, dass deine Kenntnisse eher überschaubar sind. Wie geht es weiter, wenn das Motto »Augen zu und durch« keine Option mehr für dich ist? Willst du deinen Vater oder deine Mutter fragen? Deinen Chef oder deine Chefin? Willst du im Internet auf Informationssuche gehen? Meine Empfehlung:

Suche nach einem Menschen, dem du vertrauen kannst. Suche nach einem Mentor, einem Wissenden, einem Ratgeber gleich welchen Geschlechts und bitte um Hilfe.

Du wirst erstaunt sein, wie bereitwillig Menschen dir helfen, wenn du sie nur fragst. Ich selbst bin mittlerweile für viele Menschen zu einem solchen Mentor geworden, zu einem Problemlöser, der den Blick auf die Probleme von morgen lenkt und sie löst. Wir reden heute über das, was morgen passieren könnte. Um vorbereitet zu sein.

Manchmal bezeichne ich mich selbst als Lotsen. Ein Lotse wird an Bord geholt, wenn das Schiff eine schwierige See- oder Kanalstrecke vor sich hat, die die Besatzung nicht kennt. Kapitän und Steuermann übergeben dem Lotsen für die Passage die volle Verantwortung für das Schiff, bis die schwierige Strecke geschafft ist. Danach geht der Lotse von Bord und die Crew kommt wieder ohne seine Hilfe zurecht.

Nun übernehme ich zwar nicht die volle Verantwortung für das Leben der bei mir Rat Suchenden, aber ich informiere nicht nur, sondern inspiriere, stoße Gedanken an, kläre Fragen oder löse gedankliche Barrieren auf. Wie das aussieht, entscheidet sich in jedem Gespräch aufs Neue. Das macht den persönlichen Austausch unter Menschen so wertvoll. Und darum ist dieser persönliche Austausch jeder Infoplattform aus dem Internet weit überlegen.

Fehler Nummer 2: Keine Geduld haben – Gier nach hohen Renditen

Dass Geld sehr viel mit Gefühlen zu tun hat, hatte ich dir schon erzählt. Mit dem Geldanlegen ist es genauso. An den Aktienmärkten lässt sich das besonders gut beobachten: Unerfahrene Geldanleger tappen immer wieder in dieselben psychologischen Fallen: Sie springen auf eine längst für jeden erkennbare Welle auf, investieren, wenn die Papiere schon sehr teuer geworden sind, verlieren die Nerven, wenn die Welle abflacht, und verkaufen mit Verlust, weil sie fürchten, dass es noch schlimmer kommt. So bringen sie sich um ihren Gewinn.

Investieren heißt, Geduld aufzubringen und langen Atem und gute Nerven zu beweisen.

Der Börsen- und Finanzexperte André Kostolany soll es einmal so formuliert haben: »Kaufen Sie Aktien, nehmen Sie Schlaftabletten und schauen Sie die Papiere nicht mehr an. Nach vielen Jahren werden Sie sehen: Sie sind reich.« Märkte gehorchen eben nicht festen Regeln. Konkrete Entwicklungen bleiben schwer oder gar nicht vorhersehbar. Das ist nicht zuletzt den zahllosen Markteinflüssen der großen Börsenplayer geschuldet. Computerprogramme, Hedgefonds und welthistorische Ereignisse wie Pandemien oder Kriege wirken sich innerhalb von Sekunden auf die gehandelten Werte und Finanzprodukte aus.

Vor einem Aktienkauf solltest du dich sehr genau mit deiner Investition befassen und die Fantasie aufbringen, eine mögliche positive Entwicklung zu sehen. Wenn alle anderen auch schon investiert haben, benötigst du diese Fantasie nicht mehr. Dann aber ist es für eine lukrative Anlage meist schon zu spät.

Lass besser die Finger davon, Schiffe zu finanzieren, Filme zu fördern, Steuersparmodelle aus den 1980er-Jahren oder Bluechips zu kaufen – diese Rechnungen gehen für kleine Anteilseigner auch bei einem längeren Anlagezeitraum selten auf. Achte beim Erwerben von Steuersparmodellen unbedingt darauf, dass sich die Renditen auch ohne steuerliche Förderungen lohnen. Und wenn du diese Produkte erworben hast, lass das Geld auf den Konten ruhen. Lange. Viele Anleger finden das wahrscheinlich unzumutbar. Sie kaufen und verkaufen, um ihre Portfolios zu optimieren. So steht es auch in vielen Ratgebern rund um die Geldanlage und Vermögensbildung. Dem liegt aber in vielen Fällen ein gründliches Überschätzen der eigenen Fähigkeiten und Möglichkeiten zugrunde. Auch, wenn du dir im Laufe der Zeit gute Kenntnisse aneignest, wirst du professionelle Anleger und ihre extremen technischen Möglichkeiten nicht toppen können.

Bevor du nun das Thema »Wertpapierkauf« ungeprüft für dich verwirfst, erinnere dich bitte an das, was ich dir im Kapitel über Opa Heinz erzählt hatte: Das langfristige Halten von Papieren über 15 oder noch viel mehr Jahre hinweg bringt dir im Durchschnitt richtig gute Renditen. Und darauf kommt es bei der Planung und Vorbereitung deines längsten Urlaubs schließlich an.

Theoretisch ist jetzt alles klar – wie gehst du nun in der Praxis mit dem Thema um?

Erste Idee: Verbann Hot Money aus deinem Portfolio

Als heißes Geld oder vagabundierendes Geld werden in der Regel große Geldvolumen bezeichnet, die kurzfristig schnell disponiert werden. Häufig gezielt in ein Land investiert, werden sie sehr rasch wieder abgezogen, wenn der gewünschte Effekt eingetreten oder die Chance dafür vorübergegangen ist.

Hot-Money-Effekte sind Zinseffekte, die über mehrere Länder und Währungsräume hinweg gesucht werden. Das sind keine Langläufer, sondern extreme Kurzstreckensprinter, auf der Jagd nach dem schnellen Euro oder Dollar.

Finanzwirtschaftlich bedeuten solche Transaktionen wegen der großen Volumen und ihrer Volatilität immer ein gesamtwirtschaftliches Risiko. Sie gefährden den soliden Geschäftsgang und sind unerwünscht. Mit Kapitalverkehrsbeschränkungen wird versucht, sie einzudämmen.

Trotz der Risiken, bis hin zum Verlust des eingesetzten Kapitals, sind viele Anleger begierig auf Hot Money, weil sie sich kurzfristig bereichern wollen. Beispiele sind der Handel mit Kryptowährung oder die mittlerweile als kriminell eingestuften Cum-Ex-Geschäfte.

Neben den Profianlegern versuchen sich auch Laien und Anfänger an diesen Modellen, die sie in der Regel gar nicht durchschauen. Die Gier treibt sie an. Wir werden gleich noch ausführlicher darauf eingehen, dass die Gier ein schlechter Berater ist. Nicht selten landen die Hot-Money-Modelle auf den schwarzen Listen der Wirtschafts- und Ordnungspolitik. Aber auch legale hochspekulative Geschäfte wie der Handel mit Kryptowährungen sind für viele Anleger ein Buch mit mehr als sieben Siegeln.

Alle diese wilden Spekulationen haben etwas gemeinsam:

Es gibt nur wenige Gewinner, aber sehr viele Verlierer. Das Rad der Spekulationen dreht und dreht und dreht sich – und schleudert bei entsprechendem Tempo viele einfach runter. Du solltest nicht dazu gehören.

Zweite Idee: Ignorier Steuersparmodelle

Unser Staat gönnt sich über Steuern und Sozialabgaben einen beherzten Griff ins Portemonnaie des Durchschnittsverdieners: Rund 50 Prozent des Gehaltes landen nicht bei dem, der sie erarbeitet hat. Legt man von der verbliebenen Hälfte etwas auf die hohe Kante und erzielt Gewinne, sind noch einmal 25 Prozent der Erträge weg.

Klar, dass man sich Gedanken darüber macht, solche hohen Abgaben zu senken: Steuern auf angelegtes Geld zahlen, das schon versteuert wurde, macht wenig Freude. Es gibt Menschen, die viel Fantasie und Energie darauf verwenden, ihre Steuern so niedrig wie möglich zu halten.

Deshalb ist einer der häufigsten Gründe, warum Portfolios zum Jahresende umgeschichtet werden, der Wunsch nach Steueroptimierung. Die damit verbundenen Überlegungen und Bemühungen sind aber leider im Vergleich zur Strategie des Abwartens selten von Erfolg gekrönt.

Es gibt Menschen, die Steuervermeidung wie einen Sport betreiben und sehr viel Zeit dafür investieren. Dieselbe Zeit könnten sie dafür verwenden, ihre Einnahmen zu erhöhen oder staatliche Beiträge, Fördermittel oder Subventionen einzuwerben. Der Finanzwissenschaftler Stefan Bach vom Deutschen Institut für Wirtschaftsforschung hat ermittelt: Wenn man Anlegern dieselbe Summe in Form von Subventionen anbietet, begeistern sie sich trotzdem eher für das Steuersparmodell.[17]

Aus Erfahrung weiß ich: Steueroptimierung wird nicht selten teurer, als Steuern zu bezahlen. Das gilt besonders dann, wenn die Gier zu halb- oder illegalen Steuersparmodellen verführt hat. Aber auch völlig legale Wege[18] stehen und fallen damit, dass die Gesetze sich nicht ändern, was im Steuerbereich aber häufig der Fall ist. Oder das Modell zur Steueroptimierung ist zwar legal und würde funktionieren, wenn die verheißenen Einnahmen aus den Investitionen fließen würden. Bleiben sie aus, klappt es auch mit der Steueroptimierung nicht. Das war in den 1990er-Jahren mit den Ostimmobilien so, die angeblich einen großen Aufschwung erleben sollten – und in vielen Fällen bald darauf leer standen, und zwar dauerhaft. Oder mit den viel gepriesenen Schiffsfonds, die einen Bauboom bei Containerschiffen auslösten, der die Chartereinnahmen (durch selbst geförderte Konkurrenz) ruinierte, die den Gewinn sicherstellen sollten. Solche Überkapazitäten durch Steuersparmodelle gibt es nach wie vor, etwa Flugzeugleasing-Fonds oder geschlossene Immobilienfonds.

Hinter dem Wunsch, Steuern durch aktives Handeln zu vermeiden, stehen zutiefst menschliche Gefühle: zum Beispiel der Wunsch, nicht untätig zuzusehen, wie etwas, das mir gehört, verschwindet. Oder der Wunsch, nicht mit anderen teilen zu wollen, was (bisher) mir allein gehört. Es sind Emotionen wie diese, die Menschen beim Geldanlegen zu impulsivem Handeln antreiben.

Kommen wir nochmals zu dem Thema »Gier«. Kennst du das auch? Wenn ich etwas zu sehr will, dann ist meine Vernunft ausgeschaltet. Ich bin nicht klar im Kopf. Das ist der geheime Kitzel des Steuersparens: Es macht klick und das Gehirn ist raus. Es gilt das Motto: Gier verbrennt Hirn. Meine Hinweise dazu: Mach dir diese Mechanismen und Zusammenhänge bewusst. Stell dann für dich geeignete Regeln auf, die dich daran hindern, dich immer nur impulsiv zu verhalten. Du bist dann in der Lage, in Ruhe die ersten erfolgversprechenden Schritte zur Rendite zu gehen.

Wenn du Geld anlegen willst, sollten die Anlagen auch ohne Tricksereien mit dem Fiskus Geld abwerfen. Achte vor dem Kauf darauf, dass das, was du kaufst, sich selbst rechnet: Es muss werthaltig, stabil und renditeorientiert sein. Wenn es zusätzlich hilft, Steuern zu sparen, ist das eine gutes Add-on. Kaufe aber nichts nur deshalb, weil dir dafür eine Steuerersparnis versprochen wird. Aber wenn du unbedingt Steuern sparen willst, geh legale Wege: Heirate, beteilige Partner und Kinder an deinen Firmeneinkünften, mach Fortbildungskosten und Altersvorsorgebeiträge geltend. Und unter bestimmten Umständen kannst du sogar Verluste aus Aktienanlagen steuerlich geltend machen.

Dritte Idee: Konzept erarbeiten

Mit einem individuellen Konzept verringerst du das Risiko, in eine der psychologischen Fallen zu tappen, die das Geldanlegen aufstellt. Hilfreich ist ein individuelles Konzept besonders dann, wenn es zu deiner Persönlichkeit und zu deinen finanziellen Zielen passt. Wie auch deine persönlichen Träume und Ziele solltest du dir dieses Konzept aufschreiben. Es erhöht die Verbindlichkeit. Es verhindert, dass du wichtige Aspekte vergisst. Es hält dich bei der Stange. Ein schriftlich fixiertes Konzept, das messbare und machbare Schritte benennt, erhöht die Wahrscheinlichkeit, dass du es umsetzt, um ein Vielfaches.

Was soll das Konzept leisten? Welche Fragen musst du beantworten? Stell dir vor, du würdest dich auf ein intensives Gespräch über deine Pläne für den längsten Urlaub vorbereiten. Das Konzept sollte Antworten auf alle wichtigen Fragen geben, also:

- Status quo: Wie stehst du heute da?
- Wie sieht deine familiäre Situation aus, wie wohnst du? Wofür bist du verantwortlich oder zuständig?
- Wie soll die Entwicklung bis zum definierten Zeitpunkt (selbstgewählte Beendigung der Lebensarbeitszeit) aussehen?

- Welche Vermögenswerte hast du schon?
- Welche schaffst du dir noch an?
- Fühlst du dich stark genug für Immobilien und Geldanlagen? Wenn ja: Welche Möglichkeiten siehst du in diesem Bereich für dich?

Wichtig ist: Formuliere Ziele und Zwischenziele. Definiere realistische Etappen, damit du Erfolgserlebnisse hast. Fixiere für jede Etappe einen festen Betrag. Beziffere dein Ziel genau. Und wenn du dein Konzept gefunden hast, setze es unter allen Umständen auch und gerade in stürmischen Zeiten konsequent um!

Natürlich kannst und sollst du deine Entscheidungen überprüfen und an geänderte Bedingungen anpassen. Aber dabei soll es nur noch um das Wie gehen, nicht mehr um das Ob!

Sobald du beginnst, dein Konzept zu verwirklichen, setzt du einen positiven Zielkreislauf in Gang. Mit jedem erreichten Zwischenziel wird die Kraft für dein nächstes Ziel größer. Du schaffst so ein noch größeres Vertrauen in deine Fähigkeiten, Ziele zu erreichen und Dinge, die du dir vorgenommen hast, konsequent umzusetzen. Denn du glaubst an das, was du tust. Dein Erfolg gibt dir recht. Du gehst gestärkt in den nächsten Umsetzungsschritt.

Wenn du siehst und fühlst, dass du die ersten kleineren Schritte erfolgreich gegangen bist, öffnest du dir den Weg für die folgenden größeren Schritte. Ohne Hexerei: Du wirst magnetisch für Geld und Glück. Sobald du dich erwartungsvoll und optimistisch damit beschäftigst, erkennst du Geld- und Glücksquellen, die du bisher nicht gesehen hast. Ähnlich wie beim Traum vom roten Sportwagen: Sobald du ihn träumst und dich damit beschäftigst, siehst du überall rote Sportwagen.

Mit dem fixen Betrag als Ziel vor Augen wächst die Wahrscheinlichkeit, dass du ihn erreichen wirst. Das funktioniert, weil du dein Ziel nun sehr präzise und messbar formuliert hast. Dieses Erfolgserlebnis ist gut und wichtig für dich. Es spendet dir Kraft für den Weg zum nächsten Erfolg.

Fehler Nummer 3: Auf Pump investieren

Der längste Urlaub deines Lebens – allein die Vorstellung davon löst Glücksgefühle aus. Das gilt für die Planungsphase und auch dann, wenn du ihn genießt. Aber Vorsicht: Lass dich nicht verlocken, die dafür notwendige Vermögensbildung auf Pump, also ohne eigene liquide Mittel, anzugehen.

Erste Idee: Kredite für die falschen Dinge vermeiden

Nimm auf keinen Fall Kredite auf für

- Einmaleinlagen bei einem Versicherer,
- Einzelwerte, Aktien oder Fonds in deinem Depot oder
- für Investitionen ohne konkreten Gegenwert.

Das Risiko ist, dass diese Anlagen nicht halten, was sie versprachen, und du die Raten für den aufgenommenen Kredit weiterhin bezahlst, ohne irgendeinen bleibenden Gegenwert dafür zu haben. Das ist doppelt negativ für dich, weil es zum einen herausgeworfenes Geld ist, für das du nichts bekommst. Und außerdem steht dir dieses Geld nicht mehr für sinnvolle Investitionen zur Verfügung.

Etwas anders sieht es bei dem Erwerb von Immobilien aus. Dabei bezahlst du für etwas, das in Form von Grundstücken oder Gebäuden einen Gegenwert besitzt. Hierfür kann sich ein Kredit lohnen. Dazu sage ich im Zusammenhang mit Fehler Nummer 4 etwas mehr.

Interessant ist übrigens, dass die Deutschen als Reiseweltmeister den Verführungen ihrer Reiseveranstalter, Banken und Kreditinstitute sehr gut widerstehen können, für den nächsten Urlaub einen Kredit aufzunehmen und in Raten abzustottern. Nur fünf Prozent der Deutschen fühlen sich von solch einer Idee angesprochen. Glücklicherweise setzen lediglich zwei Prozent sie auch tatsächlich um.[19] 86 Prozent der Deutschen hingegen lehnen einen Urlaub auf Kredit ab.

Meine Meinung ist: Bis auf die zwei Prozent, die auf Kredit in Urlaub fahren, haben es alle richtig gemacht. Doch leider entscheiden sich fünf Prozent für eine noch schlechtere Lösung: Sie bezahlen den Urlaub durch Überziehen ihres Girokontos oder Ausschöpfen des Kreditrahmens ihrer Kreditkarte. Das kann schnell noch sehr viel teurer werden als ein Ratenkredit, weil Überziehungszinsen deutlich über den Zinsen für einen Ratenkredit liegen. Dieselbe Studie stellt fest, dass sich die meisten Deutschen diese Fragen gar nicht stellen müssen, weil sie entweder gezielt für den Urlaub sparen (49 Prozent) oder ohnehin über ausreichende Ersparnisse verfügen (35 Prozent). Und auch diese 84 Prozent machen alles richtig.

Beim Jahresurlaub fällt es den Deutschen leicht, klug zu entscheiden. Warum zeigen sie nicht dasselbe Verhalten, wenn es um den längsten Urlaub ihres Lebens geht?

Zweite Idee: Zusätzliche Einnahmen schaffen

Bisher haben wir uns ausschließlich darum gekümmert, vorhandene Einnahmen so auszugeben, dass du langfristig etwas davon hast. Wenden wir uns nun der anderen Seite zu, deinen Einnahmen.

Meinst du, deren Höhe wäre für alle Zeiten auf ihrem Maximum angekommen? Vermutlich gibt es ungenutzte Optionen, um deinem Girokonto mehr Leben einzuhauchen. Letztendlich geht es darum, dass du deine beruflichen Stärken nutzt, um dir weitere Einnahmequellen zu verschaffen und diese anzuzapfen. Mach dir ein paar grundsätzliche Gedanken dazu:

- Wo liegen deine Stärken? Was kannst du besonders gut? Worin kennst du dich besser aus als andere?
- Wo liegen deine Interessen? Für welchen Bereich oder welche Tätigkeiten kannst du dich richtig begeistern?
- Was wünschen sich Menschen, die sich für deinen Bereich interessieren oder aus diesem Bereich etwas benötigen? Was würde ihnen weiterhelfen?
- Welche Projekte würdest du in deinem Lieblingsbereich gern angehen?

Es gibt vielleicht manches, was du ohne großen Aufwand sofort machen kannst. Was hältst du für sinnvoll?

- Frag deinen Arbeitgeber, was du tun kannst, um mehr Gehalt zu bekommen oder den nächsten Karrieresprung zu machen.

- Schau dich auf dem Arbeitsmarkt um, ob ein Wechsel möglich ist. Initiativbewerbungen sind eine gute Idee. Im Bewerbungsgespräch wirst du auch nach deinen Gehaltsvorstellungen gefragt – eine gute Gelegenheit, die Einnahmen aufzubessern.

Vielleicht hat das, was deinen Herzschlag beschleunigt, wenig mit deinem heutigen Beruf zu tun. Das muss dich nicht hindern, in diese Richtung zu denken, zu planen und zu gehen, also zu überlegen, ob es auch außerhalb des Berufes Möglichkeiten gibt, Einnahmen zu generieren. Entwickle Fantasie, womit sich sonst Geld verdienen lässt. Hol dir Anregungen dafür bei denen, die das oft machen, den Studierenden. Die sind erfinderisch und offen für alles: ob Stadtführung oder Autoüberführungen – sie trauen es sich zu und machen es. Das kannst du auch.

Dritte Idee: Definier zuerst ein klares Ziel

Bei uns an der Küste hört man häufig den Ausspruch: Wenn du nicht weißt, wohin du segeln willst, weht jeder Wind aus der falschen Richtung. Also: Wenn du weißt, wohin die Reise gehen soll, kannst du jeden deiner Schritte daraufhin beurteilen, ob er dich deinem Ziel näherbringt oder dich weiter davon entfernt.

Einfach irgendetwas zu machen, ist kein Plan und bringt dich nirgendwohin. Ohne klares Ziel vor Augen und ohne Kenntnisse davon, was Geld ist und wie du es für dich arbeiten lassen kannst, wirst du es weder zu Wohlstand bringen noch zufrieden mit dir und deinen Leistungen sein.

Erst, wenn du dein Ziel kennst, kannst du beurteilen, wo sich Kredite als sinnvoll für dich erweisen und wo sie dir schaden und dir finanziell die Hände für wirklich gute Anlagen binden.

Dieses Thema ist aus meiner Sicht so grundlegend, dass ich es dir gern genauer erläutern möchte. Denn klare Ziele zu haben, bedeutet einen so unfassbar großen Vorteil gegenüber dem Einfach-so-drauflos, dass ich darauf in den Kapiteln »Das magische Dreieck der Geldanlage« und »Finde deine Strategie!« ausführlicher eingehen werde.

Fehler Nummer 4: Mit dem Eigenheim in die Vermögensbildung einsteigen

Wer selbst in einer Eigentumswohnung oder einem eigenen Haus aufgewachsen ist, kennt das heimelige Gefühl der eigenen vier Wände. My home is my castle, sagen die Briten. Es ist ein besonders intensiv erlebtes Zuhause, ein schönes Gefühl, das man sich ohne Frage auch für die Zeit nach dem Auszug aus dem Elternhaus weiterhin wünscht.

Viele Menschen, mit denen ich über ihre Pläne für den längsten Urlaub ihres Lebens spreche, wollen sich als erstes großes Projekt ein eigenes Haus oder eine eigene Wohnung kaufen – beides, um es selbst zu bewohnen. Der Wunsch nach den eigenen vier Wänden ist groß. Und grundsätzlich ist das eine sehr gute Idee: Wenn die Immobilie im Rentenalter bezahlt ist, wohnt und lebt es sich deutlich entspannter, als wenn die Alterseinkünfte für eine hohe Miete reichen müssen.

Kontrolliert niedrige Ausgaben sind eine gute Lösung. Zumindest wenn die Alternative bedeuten würde, im Alter weiterhin für zusätzliche Einnahmen sorgen zu müssen. Für den Erwerb einer eigenen Immobilie sprechen aus meiner Sicht:

- die reduzierten Lebenshaltungskosten im Alter,
- die Wertsteigerung der Immobilie und
- die starke Motivation des Abbezahlens während der Lebensarbeitszeit.

Dennoch: Bei aller Sympathie für dieses vernünftige Vorhaben empfehle ich, nicht ausgerechnet damit die Vermögensbildung zu beginnen. Vor allem nicht in jungen Jahren. Diese Haltung möchte ich gern begründen.

Erste Idee: Schaff erst die Grundlagen

Erfahrungsgemäß fehlen den meisten 20-Jährigen ganz einfach die finanziellen Mittel, um solch ein Projekt zu stemmen. Das folgende Berufsleben und all das noch nicht gelebte Privatleben bergen so viele Unwägbarkeiten, dass junge Menschen besser kein Risiko in dieser Größenordnung eingehen sollten, wenn sie nicht sicher sein können, alles bis zum Ende wie geplant finanzieren zu können. Und das kann man in der Regel mit Anfang 20 nicht.

Bedenke also:

Nur, wenn du dich über Jahrzehnte nicht an der Finanzierung verhebst, sondern kontinuierlich deine Schulden tilgst, wirst du im Alter schuldenfrei sein und alle Vorteile deiner Immobilie genießen können.

Mein Rat ist: Schaff als Erstes die Grundlagen für die Realisierung dieses Immobilien-Plans. Leite das Geld, das du heute zur Finanzierung deiner Immobilie vorgesehen hast, in geeignete Produkte und Investitionsformen, wie zum Beispiel Bausparen, Bausparpläne und Lebensversicherungen mit Garantien. Leg dein Geld zweckgebunden an. So baust du dir einen finanziellen Grundstock auf. Wenn im weiteren Verlauf deiner Lebensarbeitszeit das Einkommen wächst, kannst du an den Kauf denken. Dann fällt es dir leichter, die Immobilie zu bezahlen. Der bereits vorhandene finanzielle Sockel überzeugt auch die Banken und Kreditinstitute und hilft dir selbst über die ersten Klippen hinweg.

Damit hast du eine finanzielle Basis geschaffen, aber noch längst nicht alle wichtigen Grundlagen. Was musst du unbedingt noch regeln?

- Sichere deine Arbeitskraft ab, damit die Finanzierung auch dann gesichert ist, wenn du dein Einkommen verlierst. Du bedienst die Zinsen und tilgst die Schuld aus deinem Einkommen. Solltest du in die gesetzliche Versorgung zurückfallen, reicht das Netto für beides nicht mehr. Dann gehört deine Immobilie endgültig der Bank!
- Sichere dich für den Todesfall ab, damit im schlimmsten Fall die Darlehen sofort getilgt werden können und deine Familie nicht ausziehen muss.
- Schließe Belohnungsverträge mit dir selbst ab und sammle Erfahrungen mit Geldanlagen, zum Beispiel mit Renten- oder Lebensversicherungen, Fondsanlagen oder Anlagen zur betrieblichen Altersversorgung.

Was ich mit den Belohnungsverträgen meine, die du mit dir selbst abschließt, beschreibe ich noch. Für jetzt nur so viel: Sie sind für deinen Wohlstand sehr viel wichtiger als dein momentanes Einkommen.

Zweite Idee: Ballast statt Palast? Bloß nicht!

Dein Eigenheim ist bestimmt dein liebstes Eigentum. Gerade, weil du selbst darin wohnst, soll es schön und gemütlich sein. Gute Idee: Das wirkt sich positiv auf dein Wohlbefinden und damit auf deine Gesundheit und deine Lebensqualität aus. Dasselbe gilt natürlich auch für deine Familie. Das Eigenheim erweist sich allerdings auch als der Ort, der die meiste Energie verschlingt und das meiste Geld kostet – nicht nur bei der Anschaffung. Denk bitte schon vor dem Kauf an:

- Renovierungen und Umbauten,
- eine neue Küche, ein neues Bad,
- die neue Heizung,
- das neue Dach und
- höhere Baukosten als zunächst veranschlagt, falls du selbst baust.

Die Ähnlichkeit im Klang der Wörter »Ballast« und »Palast« kann eine nützliche Warnung sein:

- Back zunächst etwas kleinere Brötchen.
- Plane notwendige Investitionen über einen längeren Zeitabschnitt hinweg.
- Beachte, dass beim Einzug nicht alles sofort perfekt sein muss.
- Nutz die Zeit, um mehr Erfahrungen mit Geld und dem Geldausgeben zu sammeln.
- Erleichtere dir Investitionen, indem du sie auf einen Lebensabschnitt mit einem höheren (und vermutlich stabileren) Einkommen vertagst.
- Schone deine Nerven, indem du nicht heute, sondern erst später, wenn dein Vertrauen in deine Handlungen gewachsen ist, die nächsten großen Ausgaben für dein Haus vornimmst.

Mein Daumenwert aus der Beratungspraxis: Um den 30. Geburtstag herum ist ein guter Zeitpunkt, um in ein Eigenheim zu investieren – sofern du die Grundlagen dafür geschaffen hast.

Fehler Nummer 5: Investieren trotz mangelndem Wissen

Ich möchte mit einem erstaunlichen Fakt in dieses Thema einsteigen. Was glaubst du, wie machen es die Profis? Wie legen die 25 Ratsmitglieder und die führenden Bankenaufseher der Europäischen Zentralbank (EZB) ihre sicherlich nicht geringen privaten Vermögen an? Einmal im Jahr müssen sie ihre Depots und ihre privaten Geldanlagen öffentlich machen. Da sie am entscheidenden Geldhahn Europas drehen, ist es natürlich wichtig, dass keine Interessenkonflikte und persönlichen Vorteile den Ausschlag für ihre Entscheidungen geben. Daher die geforderte Transparenz.

Also: Wie machen es Christine Lagarde und ihre Kolleginnen und Kollegen? Die Antwort lautet: Fast gar nicht![20] Oder nicht allzu geschickt. Tatsächlich halten nur sechs der 25 Ratsmitglieder überhaupt Depots und investieren also am Kapitalmarkt. Bei der Wahl der Wertpapiere zeigen sich nationale Vorlieben – Werte des eigenen Herkunftslandes spielen vielfach eine größere Rolle als die begründete Aussicht auf Renditen.

»Unterm Strich zeigt sich damit, dass eine Geldanlage nach dem Muster der europäischen Geld- und Finanzwächter eher nicht als großes Vorbild für Privatanleger taugt. Mit einem ausgewogenen Mix aus weltweit breit gestreuten ETFs und einigen speziell zugeschnittenen Themen-Fonds dürften sich deutlich bessere Renditen erwirtschaften lassen, als es die Investmentauswahl der Notenbanker erlaubt.«[21]

Ich möchte daher meine Überschrift für diesen Abschnitt präzisieren:

Begehe nicht den Fehler, ohne oder wider besseres Wissen zu investieren!

Die Notenbanker hätten nun wahrlich alle Informationen zur Hand. Aber offenbar setzen die meisten von ihnen sie nicht ein. Vielleicht, weil sich ihr Vermögen auch ohne geschickte Anlagen ständig vermehrt?

Welche Wege stehen dir offen, wenn du nicht zur privilegierten Gruppe der EZB-Mitglieder gehörst? Es ist klar: Erwirb dir Fachwissen und setz es für deine Ziele ein. Dieses Wissen ist eine mindestens so wertvolle Säule deines (künftigen) Wohlstandes wie dein Einkommen.

Der Ökonom Thomas Straubhaar hat in seinem Artikel »Das verkannte Vermögen der Deutschen«[22] sehr interessante Gesichtspunkte zur Rolle des Wissens und Könnens für den Lebensunterhalt zusammengetragen. Ich führe sie hier stichpunktartig auf:

- Arbeit ist für die meisten Deutschen die wichtigste Finanzierungsquelle, und zwar während des Erwerbslebens und (indirekt) danach.
- Arbeit bestimmt in Deutschland, was man sich finanziell leisten kann.
- Trotz zaghafter Versuche, private Vermögensbildung zu fördern, ist der Stellenwert des Arbeitseinkommens in den letzten 20 Jahren sogar noch gestiegen.
- Der Anteil älterer Menschen, die im Erwerbsleben stehen, ist im selben Zeitraum dramatisch gestiegen.
- Mehr als drei Prozent der Rentenbezieher finanzieren den größeren Teil ihres Lebensunterhalts noch immer aus ihrer Arbeit.
- Vom eigenen Vermögen leben können nur rund 0,8 Millionen Deutsche.

Daraus zieht Straubhaar wichtige Schlüsse:

- Ihr mit weitem Abstand wichtigstes Vermögen tragen die meisten Deutschen zwischen ihren Ohren.
- Statt von Sachwerten leben sie von ihrem Wissen und Können (Humankapital).
- Das Humankapital hat eine unvergleichlich hohe und stabile Rendite. Eigene Erwerbstätigkeit lässt die deutschen Finanzquellen sprudeln.
- Die Deutschen sind Humankapitalisten.

- Finanzberater müssen im 21. Jahrhundert neben dem Finanzkapital auch und besonders das Humankapital bei der Vermögensbildung berücksichtigen:
- »Auch beim Humankapital gilt es, kluge Investitionsentscheidungen zu treffen und entsprechend eine Liquiditäts- und Finanzierungsplanung vorzunehmen (…)«, so Thomas Straubhaar.
- Nicht nur Privatmenschen, auch die Politik muss das Humankapital deutlich aufwerten.
- Die steuerliche Benachteiligung von Erwerbstätigkeit gegenüber der Wertschöpfung von Maschinen und Robotern muss beendet werden.
- Erträge aus Sachkapital wie Zinsen, Dividenden und Kursgewinnen dürfen gegenüber der Erwerbstätigkeit nicht länger steuerlich begünstigt werden.
- Im Moment zahlt der Erwerbstätige etwa doppelt so hohe Steuern und Sozialabgaben auf sein Humankapital wie derjenige, der sein Vermögen aus Sachwerten erwirtschaftet.

Wissen ist also sehr wichtig und außerdem ein ganz entscheidendes Kapital, das du für dich nutzen kannst und solltest. Wenn du es noch nicht hast, verschaff es dir! Und falls du noch im Nebel stocherst, warte lieber mit den ersten Investitionen. Aber warte nicht beliebig lang und verharre dabei nicht untätig, sondern ergänze das bisher fehlende Wissen.

Thomas Straubhaar skizziert in einer Grafik, wie viel Geld die Deutschen im Jahr für ihre Weiterbildung investieren:

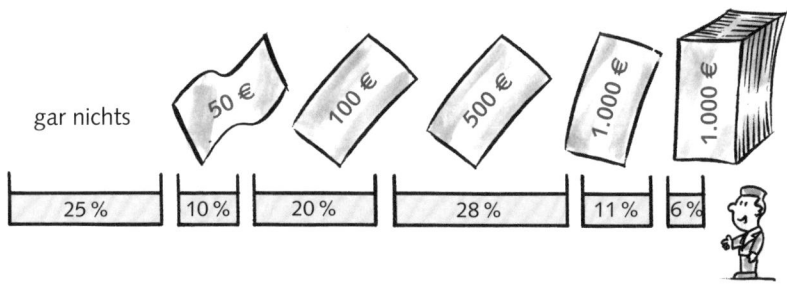

Investition in Weiterbildung pro Jahr

Seminare zu besuchen und sich weiterzubilden, sind direkte Investitionen in dein Humankapital. Wenn es für dich deine wertvollste Einnahmequelle und die Grundlage deiner weiteren Vermögensbildung ist und bleiben soll, investiere in dein Können und Wissen! Find dabei auch heraus, wie du zusätzlich zur Erwerbstätigkeit ein Vermögen schaffen und für dich arbeiten lassen kannst.

Beantworte dazu diese Fragen:

- Wie willst du im Alter leben?
- Wie gelingt es dir, diese Vorstellung zu verwirklichen?
- Was musst du zusätzlich wissen, um dir klare Vorstellungen von den Schritten zu machen, die dich vom Heute in deine Traumzukunft bringen?
- Wie kannst du dieses Vorhaben umsetzen? »Statt passiv zu warten, werde ich lesen, recherchieren, fragen, zuhören, lernen, entscheiden, Ziele schriftlich fixieren und handeln.«

Bau dein Wissen rings um Geld und Geldanlagen ab jetzt immer weiter auf. Besuch Seminare. Nimm Kontakt zu anderen auf, die mehr wissen als du. Find Gleichgesinnte, die dieselben Fragen lösen wollen wie du. Beginn mit ihnen Dialoge, die dich weiterbringen.

Dein Wissen und deine klugen Ideen sind das mit deutlichem Abstand größte Kapital, das du für das Erreichen deiner persönlichen Ziele einsetzen kannst. So wertvoll und wichtig es ist – die meisten von uns haben dieses Kapital gar nicht im Blick.

Vermögensbildung gehört zu deinem Wissensstand unbedingt mit dazu. Wissen kann und sollte zu deiner Einnahmequelle werden – zusätzlich zum Gehalt:

Wohlstand im Kopf bringt Wohlstand auf dem Konto.

Das magische Dreieck der Geldanlage

Die häufigsten Fehler beim Geldanlegen kennst du nun, und du weißt, wie sie sich vermeiden lassen. Jetzt möchte ich dir ein paar grundlegende Spielregeln der Geldanlage beschreiben, die du kennen solltest, um das Richtige tun zu können. Schließlich möchtest du die für dich richtigen Entscheidungen treffen. Du wirst sehen, dass es selbst auf dieser allgemeinen Ebene nicht nur den einen, für alle und jeden erfolgreichen Weg gibt. Was musst du wissen, um Fehlentscheidungen zu vermeiden? Lass uns dazu einen Blick auf das magische Dreieck der Geldanlage werfen.

Das magische Dreieck der Geldanlage ist keine Erfindung von mir. Du kannst viel darüber im Internet oder in Büchern lesen und natürlich auch von Fachleuten hören. Beschäftigen solltest du dich damit auf jeden Fall – es hilft dir, dich selbst und deine Wünsche besser zu verstehen und einzuordnen.

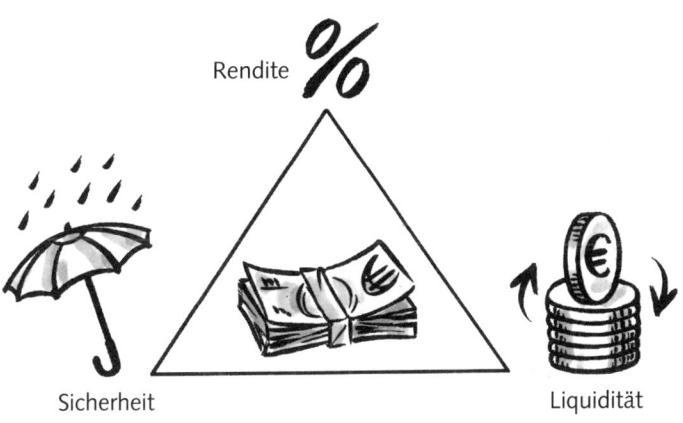

Das magische Dreieck der Geldanlage

Welche Ziele verfolgst du beim Geldanlegen oder beim Aufbau von Vermögen?

Du möchtest, dass sich deine Sparsamkeit oder deine Investition auszahlt – das heißt, du erwartest Rentabilität. Rentabilität ist der Ertrag deiner Anlage und kann je nach Anlageform aus Zinsen, Dividenden, Mieten und Pachten, Kurs- oder Wertsteigerungen oder anderen Formen des Gewinns aus Vermögen bestehen.

Dir wäre es lieb, wenn das angelegte Geld sich schnell, einfach und möglichst ohne hohe (Straf-)Kosten wieder in Bargeld oder Kontoguthaben zurückverwandeln ließe. Zwar nicht gleich – denk an Opa Heinz –, aber zum gegebenen Zeitpunkt möchtest du dich nicht verrenken, um wieder über dein Geld verfügen zu können. Das ist dein Wunsch nach Liquidität oder Verfügbarkeit. Je geringer der Aufwand und je kürzer der Zeitraum für diese Umwandlung, desto liquider ist deine Vermögensanlage.

Dein Geld soll dir erhalten bleiben und keinen unkalkulierbaren Verlustrisiken ausgesetzt sein. Du strebst Sicherheit für deine Geldanlage an. Das ist ein Aspekt, der umso wichtiger wird, je länger das Geld an einer Stelle für dich arbeitet. Vermutlich wirst du nicht alles, was du für deinen Ruhestand zur Seite legen möchtest, Monat für Monat ins Casino tragen und auf eine einzige Zahl beim Roulette legen wollen, oder? Eben.

Daraus ergibt sich die erste Anlagestrategie für mehr Sicherheit: Diversifizieren oder Streuen der Risiken, indem du mehrere Anlagen parallel nutzt.

Perfekt wäre eine Geldanlage, in der Rentabilität, Liquidität und Sicherheit zu 100 Prozent gewährleistet sind. Allerdings: Die gibt es nicht! Leider. Denn die drei Ziele Rendite, Sicherheit und Liquidität hängen eng miteinander zusammen und sind voneinander abhängig. Bedauerlicherweise aber in der Form, dass du immer nur zwei von ihnen gleichzeitig optimieren kannst, während das dritte dadurch ins Hintertreffen gerät:

- *Hohe Rentabilität und schnelle Verfügbarkeit bieten Anlagen mit einem hohen Risiko, also einer niedrigen Sicherheit.* Wertpapiere, Aktien oder Optionen und andere Finanzprodukte können täglich gekauft und verkauft werden. Die Liquidität ist groß und die Renditen können enorm sein. Die Sicherheit des angelegten Geldes wird aber zum Beispiel durch Kursschwankungen erheblich eingeschränkt. Dieser negative Effekt lässt sich, wie Opa Heinz uns beigebracht hat, dadurch ausgleichen, dass du eben nicht täglich dein Depot umschichtest, sondern es wie eine langfristige Anlage behandelst.

- *Geldanlagen mit viel Sicherheit und hoher Verfügbarkeit sind weniger rentabel.* Dazu gehören Sparbücher und Tagesgeldkonten, die durch Einlagensicherungsfonds vor Verlusten geschützt, also sicher sind. Gleichzeitig kannst du jederzeit an dein Geld kommen. Weil die Bank dadurch aber nicht weiß, wie lange sie selbst mit dem Geld arbeiten kann, fällt die Rendite geringer aus.

- *Ist für Rentabilität und Sicherheit gesorgt, sind die Gelder nicht so leicht verfügbar, also weniger liquide.* Sparverträge und langfristige Anleihen sind in der Regel auch durch Einlagensicherungsfonds gesichert. Die Bank kann über einen längeren, vorher bekannten Zeitraum mit dem Geld arbeiten. Was für dich niedrigere Liquidität bedeutet, belohnt die Bank mit einer höheren Rendite.

Wenn du an einer Stellschraube deiner Anlagestrategie drehst, bewegen sich automatisch auch die anderen Rädchen mit. Anderes ist objektiv nicht möglich.

Find den richtigen Kompromiss

Mach dir also klar: Jede von dir gewählte Anlageform ist immer ein Kompromiss innerhalb des magischen Dreiecks. Es ist kein persönlicher Fehler von dir, wenn du merkst, dass es bei deinen Anlagen mal an dieser, mal an jener Stelle Nachteile gibt, sondern dies liegt in der Natur der Geldanlagen, die Menschen in der westlichen Welt für sich geschaffen haben, begründet.

Wenn du dir Rat von anderen einholst, wird dir ein Bankberater mehr zu Liquidität raten, ein Vermögensberater stärker auf die Rentabilität achten und ein Versicherungsberater eher die Sicherheit im Blick behalten.

Darum: Hör jeden an und entscheide dann selbst! Niemand kann dir deine Entscheidung abnehmen (auch, wenn viele es liebend gern tun wollen, weil sie davon eigene Vorteile haben).

Eine Tabelle der gängigsten Anlageformen erlaubt dir einen ersten Überblick:

Finanzprodukt	Rendite	Sicherheit	Liquidität
Sparkonto	+	+++	+++
Tagesgeld	+	+++	+++
Festgeld	+	+++	+
Bausparvertrag	+	+++	+
Edelmetalle	++	++	++
Aktien	+++	+	+++
Fonds und ETFs	+++	+	+++
Immobilien	+++	++	+
Versicherung	++	+++	++

Diese Einordnungen sind nicht in Stein gemeißelt. Ein gutes Beispiel dafür sind Festgelder: Bevor die EZB ihre lähmende Null- oder Strafzinspolitik zulasten von Endkunden einführte, konnten Festgelder ausgesprochen lukrative und zugleich sichere Anlagen sein. Du konntest deinem Geld beim Wachsen zuschauen und musstest nicht darum fürchten. Das kann auch wieder so werden. Während ich diese Zeilen verfasse, hat die EZB beschlossen, die Zinsen vorsichtig anzuheben, um die Inflation zu bremsen.

Allerdings wäre es ein weiter Weg, bis die Zinsen wieder so hoch sind, dass sie die Inflationsrate locker toppen.

Geld anlegen bedeutet immer, sich im Spannungsfeld des Zielkonfliktes, den das magische Dreieck zeigt, zu bewegen und zu entscheiden. Viele Finanzprodukte erfüllen zumindest zwei der drei genannten Ziele. Diese sind dann natürlich attraktiver als solche, die nur eine Sache richtig gut können.

Das Risiko zu streuen, indem du Anlageformen mischst, ist eine wirklich gute Idee. Damit du entscheiden kannst, was du konkret machen möchtest, weil es für dich das Richtige ist, musst du dich mit den einzelnen Anlageformen beschäftigen. Meine Empfehlung: Lies auch das Kleingedruckte! Da steht nicht selten das Wichtigste drin. Frag nach, wenn du etwas nicht verstehst. Und vor allem:

Leg nur Geld in Finanzprodukten an, die du verstehst. Du kannst sonst dein Risiko, dein Geld zu verlieren, nicht richtig einschätzen.

Finde deine Strategie!

Einige wichtige Puzzlesteine für deinen Weg zum Wohlstand im längsten Urlaub deines Lebens kennst du nun schon. Und du hast gesehen, dass es nicht das eine Ziel und den einen Königsweg dorthin gibt, die für alle Menschen passen.

Nun möchte ich dich einladen, mit mir über den Weg zu deiner persönlichen Strategie nachzudenken, mit der du dich deinem Ziel nähern kannst. Du kannst es dir schon denken: Auch hierfür gibt es keine Blaupause, die du einfach nur abkupfern musst. Ich möchte mit einer Geschichte beginnen, die vielleicht viele Väter oder Mütter hat. Dies ist meine Version:

Das Pinguin-Prinzip

Meine Ehefrau und ich haben vor vielen Jahren unsere Hochzeitsreise nach Südafrika unternommen. Wir waren ein paar Tage in Kapstadt und haben einen Abstecher nach Boulders Beach gemacht. Das ist ein Strandabschnitt etwa 45 Autominuten von Kapstadt entfernt. Bekannt ist dieser Strand für die große Kolonie seiner drolligen Brillenpinguine. Wir setzten uns an den Strand und sahen diesen niedlichen Tieren und ihrem Treiben zu.

Mir kam dabei der Gedanke, dass das doch eigentlich ziemlich komische Geschöpfe sind, und ich empfand fast so etwas wie Mitleid mit ihnen. Ihre untersetzte, rundliche Figur ist schwer, die Flügel sind viel zu klein zum Abheben und fürs Gehen fehlen ihnen auch noch die Knie – sie sind gezwungen, auf großen Füßen zu watscheln und dafür ihren Körper hin- und herzuschaukeln. Wie beschwerlich. Fehlkonstruktion der Natur!

Wir erhielten die freundliche Einladung, im Nationalpark mit den Pinguinen zu schwimmen. Das Wasser am Cape ist ganz schön kalt, aber diese einmalige Gelegenheit wollten wir uns natürlich nicht entgehen lassen. Wir sprangen mit den Pinguinen ins Wasser. Die Pinguine waren pfeilschnell vor und hinter mir, über und unter mir. Ich konnte mich gar nicht so schnell drehen, als dass ich sie auch nur im Blick hätte behalten können. Geschweige denn, ihnen folgen. Jetzt war ich beeindruckt von ihrer Wendigkeit und ihrer mühelosen Schnelligkeit. Plötzlich ergab ihr Körperbau Sinn für mich. Wie ich später erfuhr, können Pinguine mit der Energie, die ein Liter Benzin enthält, 2.000 km weit schwimmen. Der Mensch hat bisher nichts annähernd Effizientes geschaffen. Von wegen Fehlkonstruktion der Natur!

Einmal abgesehen von diesen interessanten Naturbeobachtungen, möchte ich zwei Einsichten auf uns Menschen übertragen:

- Wie beschwerlich haben wir es, wenn wir nicht in unserem Element leben!
- Manchmal sind es nur ein paar Schritte, die dich von deinem eigenen Element trennen, in dem du zeigen kannst, was wirklich in dir steckt.

Die Geschichte hat sehr viel mit unserer Fragestellung zu tun. Wenn es heute bei dir und deinen Plänen für Wohlstand nicht so gut läuft, dann bist du vielleicht ein Pinguin, der nicht im Wasser schwimmt, sondern mitten in der Savanne steht (was einen ziemlich weiten Weg zum Wasser bedeutet) oder am Strand (dann sind es im besten Fall nur ein paar Schritte bis zum Meer). An dieser für dich als Pinguin ungünstigen Stelle stehen zu bleiben, ist kein allzu guter Plan! Der Versuch, aus dir einen Löwen zu machen, damit du in der Savanne bleiben kannst, dürfte zum Scheitern verurteilt sein.

Du musst dich als Pinguin, der du bist und bleibst, selbst auf den Weg machen, musst Schritte tun. Vielleicht sind sie klein. Vielleicht sieht dein schaukelnder Gang drollig aus. Unwichtig!

Wichtig ist, dass du dein eigenes Element erreichst! Hast du es erreicht, wage den Sprung hinein und genieße das vielleicht unvertraute, aber herrliche Gefühl, endlich in deinem eigenen Element angekommen zu sein. Dem Element, für das du beste Voraussetzungen mitbringst.

Weil es um deine Schritte geht, kann ich sie nicht für dich gehen oder dir vorangehen. Weil es um deine Strategie geht, kann ich sie weder für dich entwerfen noch sie dir vorzeichnen. Was ich aber tun kann, ist, dir Beispiele für mögliche Schritte zu zeigen, die dich anregen sollen, die für dich passenden auszuwählen.

Lass dich nicht von der Fülle der Möglichkeiten entmutigen, die dir zur Verfügung stehen. Du musst nicht alles machen, was du hier in diesem Buch oder an anderer Stelle erfährst. Für deine Vermögensbildung gilt wie für viele andere Zusammenhänge und Erscheinungen das Pareto-Prinzip. Vereinfacht gesagt: Mit 20 Prozent des Aufwandes (den du in deine Vermögensbildung steckst) erzielst du 80 Prozent der Ergebnisse. Die verbleibenden 80 Prozent deines Aufwandes bringen lediglich weitere 20 Prozent der Ergebnisse. Nun stehen leider an den jeweiligen Maßnahmen, Schritten oder Entscheidungen keine Schildchen mit dem Aufdruck »Hallo, ich gehöre zu den effektiven 20 Prozent«. Aber wenn du dich gut berätst, bevor du handelst, und danach ein waches Augen auf die erzielten Ergebnisse richtest, wirst du erkennen, was wohin gehört. Dann kannst du die nächsten Schritte gezielt innerhalb des 20-Prozent-Clusters unternehmen.

Welche Schritte können für dich dazu gehören? Nehmen wir an, dein Partner und du haben von den Eltern und in der Schule zu wenig über Geld gelernt. Nun möchtest du diesen Fehler nicht bei euren Kindern wiederholen. Dein Ziel ist es, dass eure Kinder von klein auf lernen, mit Geld richtig umzugehen und sich allmählich einen eigenen Wohlstand aufzubauen. Mit 18 Jahren sollen sie über wichtige Kompetenzen und das erste kleine eigene Vermögen verfügen.

Weil wir durch die Geschichte von Opa Heinz gelernt haben, dass die Zeit ein mächtiger Verbündeter sowohl auf deinem Weg zu Wohlstand als auch bezüglich des längsten Urlaubs deines Lebens ist, möchte ich mit dir zunächst den Blick auf die allerfrühesten Jahre im Leben deiner Kinder richten. Denn schon da kannst du viel tun.

Deine Kinder auf den richtigen Weg bringen

Ideal ist es, wenn Kinder bereits von früh auf einen selbstverständlichen Umgang mit dem Thema »Geld« erlernen – gern, aber nicht zwingend durch einen spielerischen Umgang. Wir haben – wie ich schon erzählte – unsere drei Kinder zu Gesprächen mit der Bank oder Sparkasse, dem Steuerbüro oder zur Versicherung mitgenommen, zum Beispiel, wenn es um die Planung unseres Ruhestandes ging. Sie sollten – auf ihre Weise – mitbekommen, welche Ideen und Fragen wir hatten und welche Antworten uns gegeben wurden.

Ob sie all das verstanden haben oder nicht, war uns nicht das Wichtigste. Kinder sind bis zum sechsten Lebensjahr vollkommen offen für alles und filtern nicht, was gut und richtig ist und was nicht. Mag sein, dass sie schon in dieser Phase ein Gespür für Finanzdinge für ihr späteres Leben entwickelt haben – wir jedenfalls glauben, dass es so ist.

Nebenbei hat es unsere Haltung – die meiner Frau und meine eigene – beeinflusst, dass unsere Kinder bei uns waren und uns ständig an unsere Verantwortung für ihre und unsere Zukunft erinnert haben. Auf diese Weise haben unsere finanziellen Pläne eine Dimension erreicht, die über unser eigenes Leben hinausreicht. Und das ist kein schlechter Ansatz, um den längsten Urlaub des Lebens vorzubereiten.

Vom Schulkind bis zum jungen Erwachsenen: Taschengeld

Den praktischen Umgang mit Geld muss man üben. Deshalb ist es sinnvoll, deinen Kindern Taschengeld zu geben. Pass die Summen ihrem Alter an, aber übertrag ihnen wirklich die Verantwortung für die kleine Summe. Lass auch Fehler zu. Gib ihnen zugleich Anleitungen, was sie tun können, damit das Taschengeld ausreicht oder die Summe sogar wächst. Sie müssen aber die Freiheit behalten, selbst zu entscheiden. Denn das ist wichtiger, als dass sie das aus deiner Sicht Richtige tun. Behalt aber ein Auge darauf, ob deine Kinder die Versprechen einhalten, die sie sich selbst gegeben haben! Das ist sehr wichtig: Kinder ändern ihren Fokus häufig und leicht. Es ist Teil eurer Erziehungsaufgabe, ihnen zu ermöglichen, bei sich zu bleiben.

Wir haben unseren Kindern mit Beginn der Schulzeit einmal wöchentlich Taschengeld gegeben. Das Geld nur über eine Woche zu verwalten und einzuteilen, fällt den Kleinen leichter, als über einen ganzen Monat hauszuhalten.

Wir haben uns zur Regel gemacht, an jedem Wochenende im Familienkreis mit unseren Taschengeld-Empfängerinnen darüber zu sprechen, wofür sie in der vergangenen Woche ihr Geld ausgegeben haben. Oder ob sie vielleicht sogar Geld eingenommen haben. Damit das Gespräch nicht zu einem Verhör ausartet, spielen wir ein Spiel: Jedes Kind erzählt uns drei Dinge zu seinem Umgang mit Geld, und eine der Erzählungen soll gelogen sein. Wir Eltern müssen abwechselnd raten, was nicht stimmt.

Meine Tipps für den Umgang mit Taschengeld lauten:

- Lass dein Kind mit Eintritt in die Schule auch wirtschaftliche Prozesse lernen.
- Zahl ihm Taschengeld: zunächst wöchentlich, immer im festen Rhythmus und pünktlich.
- Pass die Höhe des Taschengeldes seinem Alter an.
- Bewerte nicht, wofür dein Kind sein Geld ausgibt.
- Taschengeld ist kein Strafinstrument! Koppele es nicht an Schulnoten oder Verhalten.
- Sprich mit ihm über das Geld und das Geldausgeben.
- Lobe dein Kind für den Umgang mit dem Taschengeld (sofern dies angebracht ist).
- Entwickle Ideen mit ihm, wie es sich etwas dazuverdienen kann.

Du fragst dich vielleicht, welche Einnahmen unsere kleinen Mädchen damals wohl außer Taschengeld noch gehabt haben könnten. Das hat mit einer Strategie zu tun, die ich dir noch genauer erklären und vor allem zur Nachahmung empfehlen möchte: Unsere Töchter belohnen sich selbst (mit unserer finanziellen Unterstützung natürlich) für bestimmte Dinge. Meine Ehefrau ist Lehrerin und spielt einige Instrumente. Wenn unsere Kinder bei ihrer Mutter schulische Nachhilfe oder Klavier- oder Flötenunterricht genommen haben (statt bei einem externen Nachhilfe- oder Musiklehrer), haben wir jedem Kind pro Stunde 10 Euro bezahlt, die es sich für bestimmte Zwecke zurückgelegt hat. Für uns ist diese Lösung wirtschaftlicher, das Vertrauen in die familiäre Unterstützung bewerten wir sehr hoch. Und unsere Kinder lernten schon früh etwas Wichtiges, indem sie merkten: »Unterricht ist nicht kostenlos. Das dafür ausgegebene Geld ist eine Investition in meine Bildung. Meine Bildung ist etwas wert!«

Endlich volljährig!
Im Alter von 18 bis 25 Jahren

Jetzt wird es spannend: Hat dein Kind etwas über Geld für sein Leben gelernt? Nehmen wir an, du hast deinem 16-jährigen Sohn zuletzt 50 Euro Taschengeld für den ganzen Monat gegeben, und er ist damit ebenso gut ausgekommen wie mit seiner Freizeit. Nun schließt sich bei ihm eine Berufsausbildung an. Seine Einnahmen springen in die Höhe: 700 Euro Ausbildungsvergütung gibt es jeden Monat. Dein Sohn wohnt aber noch zu Hause und muss nichts oder nur einen symbolischen Betrag in die Haushaltskasse leisten.

Sprich mit deinem Kind darüber, wie es Einnahmen, Ausgaben und Rücklagen in ein kluges Verhältnis bringen kann. Statt das viele Geld fröhlich komplett zu verplempern, können ohne Probleme Monat für Monat 400 Euro in eine sinnvolle Anlage gesteckt werden – das sind 4.800 Euro im ersten Lehrjahr. Übrig bleiben für unbeschwerten Konsum immer noch bis zu 300 Euro pro Monat – das Sechsfache dessen, was dein Sohn zuletzt als Taschengeld zur Verfügung hatte.

Wichtig war meiner Frau und mir in dieser Phase des Lebens unserer Töchter, ihnen klarzumachen, dass sie mit dieser Entscheidung einen Vertrag mit sich selbst eingehen. Junge Erwachsene sind durch die vielen Angebote, die sie sehen, leicht zu manipulieren. Sie laufen rasch neuen Verführungen hinterher und verlieren dadurch ihren Fokus. Darauf machten meine Frau und ich sie bei Bedarf aufmerksam – ohne jedoch ihre Entscheidungsfreiheit anzutasten.

Als unsere Großen dieses Alter erreichten, war ihnen die Idee des Vertrages mit sich selbst weder überraschend noch fremd. Es passte für sie zu dem, was sie längst über Geld gelernt haben.

Falls eure Kinder noch nicht an dem Punkt sind, lohnen sich eure Geduld und ruhige Gespräche. Helft ihnen, den eigenen langfristigen Vorteil zu erkennen. Ihr gebt ihnen so die Möglichkeit, sich dafür zu entscheiden.

Zurück zu unserem Rechenbeispiel mit deinem Sohn in der Ausbildung: Im zweiten und dritten Lehrjahr steigt die Ausbildungsvergütung. Jetzt sollten die Rücklagen entsprechend angepasst werden: im zweiten Lehrjahr zum Beispiel auf 450 Euro im Monat (also 5.400 Euro pro Jahr). Und im dritten Lehrjahr schließlich auf 500 Euro pro Monat (6.000 Euro pro Jahr). Der Anteil, der ihm zur freien Verfügung bleibt, wächst ja dennoch.

Ist die Lehrzeit vorbei, darf sich dein Sohn über die ersten selbstverdienten und zurückgelegten 16.200 Euro seines Lebens freuen. Sie haben ihm nicht gefehlt und ihr Eltern musstet sie ihm nicht schenken. Die ermutigende Erfahrung ist gemacht, dass es auch mit kleinen Beträgen möglich ist, eine schöne Summe zusammenzubringen.

Wenn dein Kind vom ersten Gehalt an weiter angemessene, leistbare Summen für sich zurücklegt und diesen wachsenden Kapitalstock nicht angreift, schafft es sich seine Opa-Heinz-Rente selbst! Wichtig dabei ist das konsequente Dranbleiben! Es lohnt sich nicht, alle paar Monate einer neuen Chance, noch schneller reich zu werden, hinterherzulaufen.

Hin und her macht die Taschen leer

Um all den Berieselungen der Medien und ihren ebenso verlockenden wie falschen Bildern zu widerstehen, muss man schon ganz schön selbstbewusst und klar sein. Deine Vermögensbildung funktioniert nicht wie die Teilnahme an *Deutschland sucht den Superstar*. Es geht nicht über Nacht.

Langer Atem zahlt sich aus. Und das heißt auch: Bei den begonnenen Anlagen bleiben! Du hast dir Gedanken über dich und deine Möglichkeiten gemacht, hast Argumente abgewogen und dich entschieden. All das gilt! Es wird nicht dadurch umgestoßen, dass du eine weitere Anlagestrategie kennenlernst.

Wenn es dir möglich ist, kannst du zusätzliche Anlageformen in dein Portfolio nehmen. Damit streust du dein Risiko und setzt auf mehrere Pferde – und erhöhst deine langfristigen Chancen. Wähle jede neue Anlage genauso sorgfältig aus wie die erste.

Aber bleib bei deinen eingeschlagenen Wegen. Wenn du deiner Sache treu bleibst, wirst du immer besser darin, du wirst wendiger und kommst besser voran. Wenn du hingegen dauernd etwas Neues ausprobierst und bereits Geleistetes dafür über den Haufen wirfst, bleibst du dein Leben lang auf Anfängerniveau. Und du wirst nicht wohlhabend! Warum ist das so?

Der Abbruch von Sparverträgen oder anderen Anlageformen und das Umschichten in neue Anlagen ist immer mit Verlusten für dich und deinen Geldbeutel verbunden.

Kostenneutral ist nichts davon. Den Verlust musst du durch die neue Anlage ausgleichen, bevor du wieder da ankommst, wo du heute schon mit der alten Anlage bist. Dieser teure Wankelmut ist im Grunde ein Ausdruck deiner inneren Zweifel.

Höre auf zu zweifeln!

Es gibt einen Mythos, von dem du lernen kannst, wie sinnvoll es ist, nicht zu zweifeln. Dabei geht es um die Hummel: Nach den Gesetzen der Aerodynamik ist es der Hummel angeblich völlig unmöglich, zu fliegen. Sie müsste dazu 1,2 Gramm Gewicht mit einer Flügelfläche von nur 0,7 cm² in die Lüfte heben. Das ungünstige Verhältnis verbietet ihr dies jedoch. Aber die Hummel weiß das nicht, schert sich auch nicht um diese Gesetzmäßigkeiten – und fliegt einfach! So jedenfalls der Mythos. Mit dem Satz »Ich kann nicht!« setzt du dir selbst solche Grenzen (oder übernimmst sie von anderen). Denk an die Hummel und lass es sein.

Hermann Scherer, von dem ich viele interessante Anregungen empfangen habe, hat einmal ausgerechnet, wie teuer uns das Zweifeln in Euro und Cent zu stehen kommt. Er hat dafür angenommen, dass wir 50 Jahre lang arbeiten und in dieser Zeit täglich eine Stunde mit Zweifeln zubringen. Das sind 18.250 Stunden bis zum 65. Geburtstag. Bei einem Stundenlohn von 10 Euro hätte man in diesen Stunden also stattliche 182.500 Euro zusätzlich verdient. Weil man mit dem Zweifeln aufgehört und stattdessen etwas getan hat.

Ich bin überzeugt, Hermann Scherer hat recht, wenn er fordert: Um ins Handeln zu kommen, musst du handeln! Alles Abwägen, Zweifeln, Entschlüssefassen und Dann-doch-nicht-Umsetzen bringt dich nicht einen Schritt näher an dein Ziel.[23] Aus seiner Arbeit weiß er: Millionäre entscheiden schnell – und bleiben dann bei ihrer Entscheidung. Also:

Entscheide dich! Tu es! Bleibe dabei!

Junge Frauen ermutigen und unterstützen

Noch immer werden in der Erziehung von Jungen und Mädchen Unterschiede gemacht. Im Ergebnis sind Jungen oft selbstbewusster als Mädchen – obwohl es viele Gründe für ein umgekehrtes Verhältnis gibt. Mädchen zweifeln also noch häufiger an sich und ihren Entscheidungen.

Falls ihr mit der Finanzschulung bei euren Töchtern nicht schon früh angefangen habt, werden sie sich als junge Erwachsene vermutlich schwerer damit tun, sich selbst zu belohnen, als dies bei unseren drei Töchtern der Fall ist. Was also könnt ihr auch später für sie tun?

Ermutigt sie, ab jetzt immer einen Fünfhunderteuroschein im Portemonnaie zu haben. Den größten Einzelwert, den wir im Euroraum haben. Ich bin gespannt, ob dein Vorschlag zunächst auf Abwehr stößt. Vielleicht hat eure Tochter Angst, dass sie bestohlen wird oder ihr Portemonnaie verliert? Vielleicht ist eure Tochter schon liiert und verlässt sich auf den Partner, dass er alles bezahlt und sowieso mit Geld viel besser umgehen kann? Über die Quelle dieses antiquierten Rollenbildes habe ich schon einiges erzählt. Hilf deiner Tochter, aus dieser Falle auszubrechen.

Mit diesem baren Reichtum wird sie sich selbst anders wahrnehmen und sich selbst sagen:

- »Dieser Fünfhunderteuroschein schafft Vertrauen in mich selbst und meine Finanzmittel.«
- »Ich kann jederzeit ein gutes Geschäft machen.«
- »Ich bin jederzeit zahlungsbereit und -fähig.«
- »Ich kann mir meinen Tag gut leisten.«
- »Ich fühle mich reich.«
- »Ich trage meine Energie mit mir.«
- »Ich habe keine Angst.«

Steht die Berufswahl eurer Tochter noch an? Strebt sie einen typisch weiblichen (und daher meistens schlecht bezahlten) Beruf an wie etwa Friseurin, Krankenschwester, Erzieherin oder Altenpflegerin? Oder träumt sie gar davon, Ehefrau, Hausfrau und Mutter zu werden, statt einen sozialversicherungspflichtigen Beruf auszuüben? Dann habt ihr gewichtige Gründe, mit ihr über ihren längsten Urlaub zu sprechen.

Frauen, belohnt euch!

Frauen erfüllen in unserer Gesellschaft und unseren Familien unfassbar viele Aufgaben, die zwar einerseits unverzichtbar sind, aber andererseits zu gering oder gar nicht bezahlt werden – und für die es auch keine Rentenpunkte gibt! Das ist sehr schlecht. Da wir aber nicht darauf warten wollen, dass sich die Verhältnisse um uns herum ändern, sollten wir selbst aktiv werden. Mein Vorschlag: Schließt miteinander Belohnungsverträge ab, die diese Arbeit honorieren. In der Partnerschaft oder in der Familie. Schreibt genau auf, was wie belohnt wird, und unterschreibt es. Das macht es verbindlich und stößt ein wichtiges Umdenken an!

Belohnt euch mit Geld für Dinge, die ihr bisher ohne Bezahlung erledigt habt. Vereinbart das mit der Person im Haushalt, die das Haupteinkommen erzielt. Oder legt vom eigenen Einkommen die entsprechende Summe für euch zurück. Wichtig: Stellt das an den Anfang eurer Ausgabenliste!

Dazu kann ein festes monatliches Einkommen für die Arbeit als Hausfrau und Mutter vereinbart werden. Wobei dieser Vorschlag natürlich auch für Hausmänner und Väter gilt. Oder ihr übernehmt das, was wir zu Hause praktizieren: Meine Frau und unsere Töchter belohnen sich mit Geld, wenn sie zum Beispiel

- besondere Verantwortung im Interesse der Familie übernehmen,
- bestimmte Aufgaben übernehmen, wie etwa Rasenmähen oder Gartenarbeit, also Arbeiten, von denen wir alle etwas haben,
- Familienfeste planen und organisieren,
- die Wohnung schön dekorieren,
- überflüssig Gewordenes bei eBay verkaufen,
- die Wäsche bügeln oder
- Preise vergleichen und dadurch beim Einkauf Geld sparen.

Diese und andere Aufgaben haben bei uns feste Preise, die wir genau im Belohnungsvertrag festhalten. Und dieses Geld wandert auf ein separates Fondskonto. Klingt das für dich sonderbar? Denn diese Arbeiten erledigen Frauen doch sowieso! Und zwar umsonst! Eben – aber es ist überhaupt nicht einzusehen, dass dies so bleibt. Wären Frauen egoistischer, würden sie erkennen, dass sie mit all diesen Dingen ihre Zeit verbringen, in der sie sonst für ihren Wohlstand im Alter sorgen könnten.

Das Belohnen macht aus einem Entweder-oder ein Sowohl-als-auch:

- Statt »Entweder übernehme ich all diese Aufgaben oder ich verdiene Geld für meinen Ruhestand«
- heißt es durch das Belohnen nun: »Sowohl die Übernahme der Aufgaben als auch der dafür vereinbarte Betrag landen bei mir.«

Auch einige ehrenamtliche Tätigkeiten außerhalb des eigenen Zuhauses werden bezahlt. Das sind in der Regel keine großen Beträge, aber wir haben gesehen, dass es für die Vermögensbildung eher darauf ankommt, früh zu beginnen und am Ball zu bleiben. Die sogenannte Übungsleiterpauschale wurde gerade auf 3.000 Euro pro Jahr[24] angehoben. Falls du in diesem Bereich tätig bist, leg dieses Geld regelmäßig gewinnbringend für dich zur

Seite, fass es nicht an, lass auch die Zinsen oder Dividenden beim Kapital – und freu dich am Ende über das, was du dir geschaffen hast. Mit ehrenamtlichem Engagement, das dir Freude bereitet, kannst du dir ein nettes Sümmchen für deinen Ruhestand ersparen und aufbauen.

Chancen im Berufsleben nutzen

Wie schaut es mit Gehaltserhöhungen aus? Das gilt für deine Kinder ebenso wie für dich, für Frauen wie für Männer: Leg die Hälfte davon ab jetzt monatlich für deinen längsten Urlaub zurück. Du bist bisher auch ohne dieses Plus ausgekommen. Gönn dir die eine Hälfte jetzt und die andere Hälfte im Ruhestand.

Sich selbst belohnen – das ist für viele eine seltsame Vorstellung. Sie fragen sich, wofür Frau oder Mann sich selbst belohnen soll. Nun, für deine Zielstrebigkeit und deinen fabelhaften Plan, es im Leben gut zu haben. Wenn das Gehalt auf deinem Konto eingeht, überleg als Erstes, was du dir wert bist. Leb nicht vom Rest deines Gehaltes, sondern bezahl dich zuerst für das, was du leistest. Und erst dann kommen die Fixkosten und die Gestaltungsspielräume hinzu.

Diese Einstellung und dieses Verhalten werden dein Bewusstsein verändern:

Du wirst merken, dass und wie viel du dir wert bist. Freu dich darüber, dass mit jeder Einzahlung in deine Geldanlagen dein Traum von einem wunderbaren längsten Urlaub immer greifbarer wird.

Das Belohnen per Dauerauftrag ist ebenfalls eine gute Idee: Nehmen wir an, auf deinem Girokonto sind regelmäßig kurz vor Ultimo noch 200 Euro übrig. Dann richte doch einen Dauerauftrag ein, der diesen nicht benötigten Betrag auf ein anderes Konto überweist, das du nicht ständig vor Augen hast. So gerätst du nicht in Versuchung, dieses Geld doch noch schnell auszugeben. Und an anderer Stelle wächst ein nettes Sümmchen heran, das du später gut gebrauchen kannst.

Freiberufler und junge Unternehmer – aufgepasst!

Bei Angestellten ist es gesetzlich geregelt: Ein fixer prozentualer Anteil ihres monatlichen Bruttogehaltes geht in die gesetzliche Rentenversicherung. Die eine Hälfte davon trägt der Arbeitgeber – die andere der Arbeitnehmer. Damit schaffen sie sich eine Säule für den Wohlstand im längsten Urlaub ihres Lebens. Dass das allein heute nicht mehr ausreicht, wissen wir schon. Aber immerhin: Millionen Berufstätige sorgen auf diese Weise regelmäßig vor; sie legen monatlich Geld zur Seite, an das sie nicht herankommen, bis die Rente fließt.

Wer nicht angestellt arbeitet, sondern freiberuflich tätig ist oder ein Unternehmen gründet oder übernimmt, profitiert in der Regel nicht von diesem Automatismus. Gern wird besonders in der Anfangszeit von Selbstständigen übersehen, dass sie auch bezüglich ihres Ruhestandes selbst und ständig tätig sein müssen. Die finanziellen Eckdaten in der Anfangsphase sind oft stark in Bewegung. In vielen selbstständigen Berufen bleibt die Einnahmeseite sogar immer schwankend oder grundsätzlich mit Risiken behaftet. Darauf zu warten, dass sich regelmäßige solide Zuflüsse einstellen, ist mit Blick auf die eigene Altersvorsorge oft keine gute Idee.

Meinen eigenen Weg in die Selbstständigkeit hat ein erfahrener Mentor begleitet, der mir gesagt hat, dass ich es genauso machen müsse wie die Angestellten. Mit meiner Entscheidung, keinen Arbeitgeber haben zu wollen, sondern selbstständig zu sein, ist für mich klar gewesen, dass ich einen entsprechenden Prozentsatz (gesetzlich aktuell 18,6 Prozent) monatlich aus meinen Einkünften vor Steuern für mein Alter zurücklege. Ich habe für mich 22 Prozent angesetzt und zahle selbstverständlich beide Hälften, da ich keinen Arbeitgeber habe, der die eine Hälfte für mich übernimmt.

Du erinnerst dich? Bestimmte Anlageformen der Altersvorsorge sind steuerbegünstigt; das heißt, du verminderst dein zu versteuerndes Einkommen, indem du etwas für deine Altersvorsorge tust. Du belohnst dich damit doppelt! Erkundige dich zu diesem Thema bei deiner Steuerberaterin oder deinem Steuerberater.

Denk unternehmerisch – 25 bis 35 Jahre

Wer angestellt arbeitet, ist dennoch nie nur Arbeitnehmer. Für deine Finanzen bist du schließlich zu 100 Prozent selbst verantwortlich – in dieser Hinsicht bist du gleichzeitig Unternehmer.

Wenn du auf der Suche bist, dann such doch gleich das Richtige: das, was für dich gut ist und was du gern hättest.

Dann gehe also auch so mit deinem Geld um! Lass es für dich arbeiten. Verlass die passive Opferrolle des Arbeitnehmers und versuch einmal, dich selbst als Firma zu sehen:

- Machst du Gewinn mit deinem Unternehmen? Bleibt mehr übrig, als du reinsteckst?
- Wo kannst du profitabel investieren? Zum Beispiel, indem du dort deine Arbeitskraft einbringst, wo dein Gewinn besser ausfällt. Oder indem du zusätzliche Qualifikationen erwirbst, die dir einen besseren Karriereweg eröffnen.
- Dein Wert am Arbeitsmarkt ist die Ware, mit der du handelst. Mach sie teurer, indem du an deinem Selbstwertgefühl und deiner fachlichen Qualifikation arbeitest.
- Deine Gehaltserhöhung ist kein Geschenk des Himmels, sondern Ausdruck deines höheren Wertes für deinen heutigen Arbeitgeber, aber auch am Arbeitsmarkt allgemein. Es soll nicht die letzte gewesen sein!
- Der Arbeitsmarkt ist dein Markt als (angestellter) Unternehmer. Schau dir alle Angebote an. Du kannst wechseln – und musst nicht einmal immer in deinem jetzigen Beruf bleiben, wenn er dich nicht erfüllt oder dich deinen Zielen nicht näherbringt. Du solltest immer die für dich besten Konditionen finden und annehmen.
- Behalte diese Sicht auf dich auch nach deinem 35. Geburtstag bei.

Aus den Anfängen wird dein Konzept – 35 bis 45 Jahre

Mit wachsender Berufs- und Lebenserfahrung überblickst du deine Möglichkeiten anders: Du kennst dich selbst besser und hast schon viele wichtige Entscheidungen getroffen. Das alles bildet ein sehr gutes Fundament dafür, deine finanziellen Pläne für die Zukunft und den Weg dorthin endgültig verbindlich zu machen. Ich möchte dir acht Schritte nennen, die dich nach meiner Erfahrung als Mental Coach und Trainer zu deinem Ziel führen werden:

- Schritt 1: Leg dein finanzielles Ziel genau fest. Nenn dir selbst konkrete Zahlen – mal es dir emotional so präzise wie möglich aus.
- Schritt 2: Klär mit dir selbst, welchen Einsatz du dafür zu erbringen bereit bist. Berücksichtige dabei alle Verpflichtungen, die du bereits eingegangen bist oder noch eingehen möchtest. Was willst du tun, um dein finanzielles Ziel zu erreichen?
- Schritt 3: Fixiere ein genaues Datum, an dem du dein Ziel erreicht haben willst.
- Schritt 4: Erarbeite einen konkreten Plan, wie du, von deiner heutigen Situation ausgehend, dein Ziel zu einem festgesetzten Zeitpunkt erreichen willst.
- Schritt 5: Klär, was du benötigst, um diesen Plan konkret umzusetzen.
- Schritt 6: Woher holst du dir, was du benötigst?
- Schritt 7: Begeistere dich für diese großartige Aussicht. Sei stolz auf deinen Plan und freu dich auf seine Erfüllung. Schreib die positiven Gefühle auf, die du dabei empfindest.
- Schritt 8: Lies dir das, was du aufgeschrieben hast, jeden Tag beim Aufwachen und vor dem Einschlafen laut vor.

Das, was du so für dich nutzt, ist zum einen die Machbarkeit eines rationalen Konzeptes und zum anderen die Kraft des Unterbewussten, die sich in dieser Überzeugung ausdrückt: Ich kann, ich will und ich werde!

Mach deine Emotionen zu deinen Verbündeten auf dem Weg zum Ziel, und zwar mithilfe der Visionstechnik:

- Stell dir vor, dass du dein Ziel bereits erreicht hast.
- Wie fühlt es sich an, angekommen zu sein?
- Du hast gesiegt!
- Wie fühlt sich dein Sieg an?
- Lass zu, dass dieses herrliche Gefühl dich durchtränkt. Tauch ganz und gar in dieses Gefühl ein. Lass dich davon erfüllen.
- Wende diese Technik am besten direkt vor dem Einschlafen oder beim Meditieren an.

Durch die dauernde Wiederholung freundest du dich nicht nur mit deinem erstrebenswerten Ziel an, sondern gewinnst die Gewissheit, dass du es erreichen wirst. Du stärkst dein Selbstvertrauen, vertraust auf deine Gesundheit, deine Familie, auf dein berufliches Fortkommen und alles, was für dich zählt und wichtig ist. Du folgst deiner Vision und entwickelst Rückschläge und Niederlagen zu Durchgangsstationen. Mit deinem Vertrauen in dich selbst wirst du sie leichter durchstehen und überwinden. Vor allem aber gilt: Deine Vision ist stärker als dein Wille, da du dein Selbstvertrauen entwickelst. Wo der Wille abbricht, weil es nicht gut läuft, macht das Selbstvertrauen weiter.

Damit deine Vision dir nicht über die Jahre entgleitet, fixiere sie unbedingt schriftlich! In einer oft zitierten, aber letztendlich nicht verifizierbaren Harvard-Studie wurde 1979[25] festgestellt, dass Absolventen, die für sich klare Ziele schriftlich festgehalten hatten, im Durchschnitt das Zehnfache von dem verdienten, was die Gruppe derer bekam, die ohne feste Ziele durch das Studium gegangen waren.

Das heißt: Was Menschen im Leben erreichen, hängt oft weniger von ihren Begabungen und Fähigkeiten ab. Wichtig ist vielmehr die Fokussierung auf die Ziele, wobei die schriftliche Formulierung der Ziele und die daraus abgeleiteten Strategien von entscheidender Bedeutung sind.

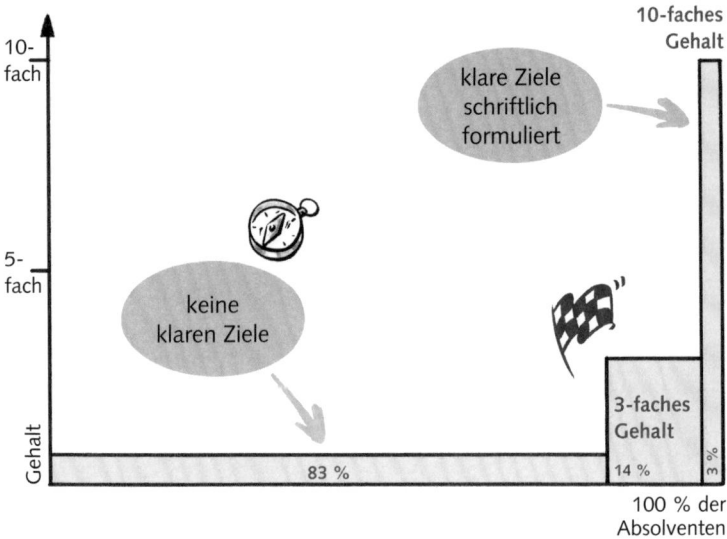

10-faches Gehalt

klare Ziele schriftlich formuliert

10-fach

5-fach

keine klaren Ziele

Gehalt

3-faches Gehalt

83 %

14 %

3 %

100 % der Absolventen

Schriftliche Fixierung von Zielen bringt Vorteile

Des Weiteren solltest du es vermeiden, in einen negativen Zielkreislauf zu geraten, und stattdessen anstreben, einen positiven Zielkreislauf herzustellen. So sieht ein negativer Zielkreislauf aus, in dem du dich selbst bremst und unglücklich fühlst:

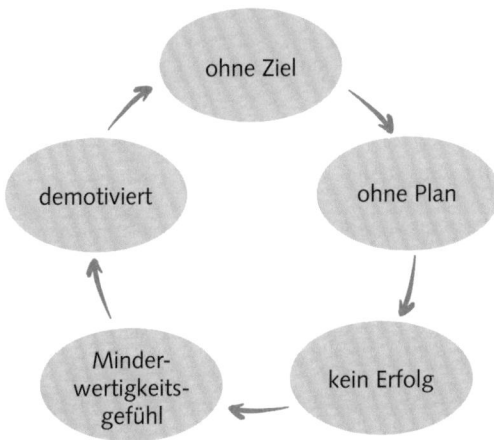

ohne Ziel

demotiviert

ohne Plan

Minder-wertigkeits-gefühl

kein Erfolg

Der negative Zielkreislauf

Egal, worum es geht, du denkst sofort: Das schaff ich nicht. Und schon hast du keine Kraft mehr. Deine Ziele werden kleiner und kleiner. Dennoch bleibt der Erfolg aus. Dein Minderwertigkeitsgefühl verstärkt sich. Nehmen wir an, du hast dir zu Silvester vorgenommen, dreimal pro Woche Sport zu machen. Nach zwei Wochen gehst du nur noch zweimal hin. Enttäuscht, dass du dein ursprüngliches Ziel verfehlt hast, gehst du nur noch einmal pro Woche und zuletzt gar nicht mehr hin. Wie kommst du aus diesem negativen Zielkreislauf heraus? Nimm dir als erstes Ziel vor, eine Minute in der Woche Sport zu machen.

Was passiert (mit dir), wenn du jetzt damit anfängst? Meiner Erfahrung nach entsteht nun ein positiver Zielkreislauf, in dem du deine Pläne verwirklichst und glücklich wirst:

Der positive Zielkreislauf

Wenn du zum Sport gehst, wirst du vermutlich kaum nach einer Minute damit aufhören. Du hast dein Ziel erreicht und überschritten – der positive Zielkreislauf ist angestoßen. Du bleibst dabei und hast Energie für neue Ziele.

Übertragen wir das Prinzip nun auf das Thema »Geld«. Profis nutzen den positiven Zielkreislauf, um zu Wohlstand zu kommen:

- Sie legen jeden Monat 25 Euro für den längsten Urlaub ihres Lebens zurück.
- Sie reduzieren ihre wöchentlichen Ausgaben um 5 Euro.
- Sie sprechen ihren Chef bis zum … (Tag/Monat/Jahr) darauf an, welche zusätzlichen Aufgaben sie übernehmen können, um eine Gehaltserhöhung zu rechtfertigen und zu erhalten.
- Sie kümmern sich fünf Minuten pro Woche um ihr Vermögen.

Ist das auch für dich ein gangbarer Weg?

Dann formuliere ab sofort deine Ziele gedanklich, schreibe sie auf und verwirkliche sie.

Große oder auch schon einmal kleine Brötchen backen – von 45 bis 67 Jahren

Je nachdem, ob du mit der Vorbereitung für den längsten Urlaub deines Lebens zeitig begonnen hast oder nicht, geht es nun weiter. Für die einen eröffnen sich weitere Einnahmequellen, etwa durch die Vermietung von Immobilien. Wenn du dir aufgrund positiver Erfahrungen selbstbewusst höhere Ziele stecken kannst, kommt für dich vielleicht sogar die Anschaffung von Immobilien zur Vermietung in Betracht. Als Bestandteil in einem gemischten Portfolio sind sie ab dem 40. Lebensjahr immer eine gute Idee. Die Zahlen musst du dir selbstverständlich vorher genau anschauen. So könnten sie aussehen:

- Kaufpreis der Immobilie: 1.000.000 Euro
- Mieteinnahmen pro Jahr: 80.000 Euro
- Nicht umlagefähige Kosten: 20.000 Euro
- Gewinn aus Vermietung: 60.000 Euro
- Kosten für Zinsen und Tilgung: 55.000 Euro
- Reingewinn pro Jahr: 5.000 Euro

Die Mieter entschulden deine Immobilie innerhalb von 20 Jahren. Bei Eintritt ins Rentenalter hast du dann entweder jeden Monat Mieteinnahmen von 60.000 Euro vor Steuern oder du verkaufst die schuldenfreie Immobilie mit Gewinn; übrigens: Schon nach zehn Jahren ist der Verkauf steuerfrei.

Eine weitere Möglichkeit, dein Einkommen in mittleren Jahren noch einmal deutlich zu steigern, kann der Wechsel in die Selbstständigkeit sein. Du kannst dann individuell deine Einnahmen außerhalb vorgegebener Gehaltsrahmen gestalten. Das konkrete Vorgehen ist abhängig von deinem Selbstvertrauen und deinem persönlichen Marktwert, an dem du ja kontinuierlich gearbeitet hast.

Am sichersten ist es, wenn du auf Expertenwissen aus deiner bisherigen Berufstätigkeit aufbaust. Es ist mit 40 + wohl zu riskant, noch mal etwas ganz Neues auszuprobieren.

Hinzu kommt: Um zwischen dem 55. und dem 67. Geburtstag noch etwas Entscheidendes für den längsten Urlaub zu tun, ist es schon zu spät. Der Zeitrahmen für deine Investitionen ist so kurz geworden, dass du schon ein Vermögen bräuchtest, um dir ein Vermögen zu schaffen. Und darum ist aus meiner Sicht Realismus das Gebot der Stunde: Stell dich auf die verminderten Einnahmen im Alter ein. Leb während der Erwerbsphase nicht in Saus und Braus, um im Ruhestand über das plötzlich eingetretene Dilemma nicht klagen zu müssen. Und das kannst du tun, um an der Ausgabenschraube zu drehen:

- Zieh bereits jetzt in eine preiswertere Wohnung um.
- Schaff das zweite Auto ab (alle anderen netten Fortbewegungsmittel, die Geld kosten, auch).
- Lass dich nicht (mehr) zu Impulskäufen verleiten: Wenn etwas mehr als 100 Euro kostet, schlaf eine Nacht darüber. Du wirst erleben, dass du in den meisten Fällen auch ohne den Kauf glücklich weiterlebst.
- Such dir eine Tätigkeit, die du auch im Ruhestand noch ausüben kannst, um etwas dazuzuverdienen.
- Ein Urlaub pro Jahr sollte jetzt ausreichen.
- Die Kinder sind selbstständig – stell ihre Unterstützung sofort ein.
- Genieß Luxus ausnahmsweise und bewusst als Luxus – und nicht als normalen Lebensstandard.

Mit System zum Vorsorgekonzept

Als Berater und Versicherungskaufmann erlebe ich Menschen in unterschiedlichen Lebensaltern, die den Wunsch haben, mit meiner Unterstützung ihre Fragen zum Vermögensaufbau zu beantworten. Um ihnen nützliche und hilfreiche Hinweise geben zu können, muss ich sie so genau wie möglich kennenlernen und schauen, wo sie zurzeit stehen und wohin sie sich entwickeln möchten. Dafür setze ich ein bestimmtes Konzept in mehreren Schritten um. Dabei werden alle wichtigen Fragen berührt und die Antworten fixiert, sodass wir zu jedem späteren Zeitpunkt auf das Gesagte zurückkommen, es bestätigen oder weiterentwickeln können. Auch, wenn die folgenden Ausführungen als »Werbung« für mich missverstanden werden können, halte ich es für sehr wichtig, dass du die Vorgehensweise exemplarisch kennenlernst.

Über allem steht für mich die Prämisse, dass wir – der Kunde und ich – die gleiche Sprache sprechen, um Missverständnisse zu vermeiden. Das ist mir deshalb so wichtig, weil Missverständnisse zwischen Ratsuchendem und Berater in diesen grundlegenden Fragen der Lebensplanung fatale Folgen haben können. Außerdem schwingt in dieser Vorgehensweise Empathie mit. Ich möchte mit meinem Gegenüber fühlen, mich in ihn hineinversetzen können und weder an ihm vorbei noch über seinen Kopf hinweg sprechen.

- Zuerst frage ich, wann die Zufriedenheit des Kunden erreicht ist. Was muss konkret umgesetzt werden? Was darf nicht passieren?
- Ich kläre dann die Erwartungen, die ich erfüllen soll, und fixiere meine Erwartungen an mein Gegenüber.
- Es folgt eine Beschreibung des allgemeinen Vorgehens mit den Schritten Analyse – Beratung – individuelles Konzept.
- Im ersten Gespräch lernen wir einander kennen, sodass ich unter anderem ein umfangreiches Bild der individuellen Risiken erhalte.

- Ich erläutere mögliche Ziele allgemein: Vermögen bilden und Einkommen sichern, Vermögen schützen und Eigentum erhalten.
- Die Ratsuchenden legen auf Basis meiner Erläuterungen und Beratung ihre Schwerpunkte innerhalb der genannten Ziele dar.

Den nächsten Gesprächsabschnitt stelle ich unter die Prämisse »Das Leben genießen und die Zukunft absichern«. Du kennst meinen Ansatz schon gut – für die meisten meiner Gesprächspartner hingegen ist er neu und wird daher von mir ausführlich erläutert.

Um zu einer individuellen Lösung zu gelangen, erfrage ich schließlich die Fakten, von denen dann meine Überlegungen und Empfehlungen ausgehen werden. Dabei bestimmen meine Kunden den Rhythmus der Wiederholungen. Ziel ist, stets auf dem aktuellen Stand zu bleiben. Im Fokus stehen diese Aspekte:

- *Beruf – heute und in Zukunft:* Ausbildung, Beruf, Arbeitgeber, Einkommen, Anzahl der Gehälter, Nebentätigkeiten, Mitgliedschaft in der Kirche, Art der Krankenversicherung, Pläne für die Zukunft, eventuell Selbstständigkeit und angedachter Rentenbeginn
- *Privat – heute und in Zukunft:* Lebenspartner, Familienstand, Kinder, gegebenenfalls Hochzeitsdatum, geplante Anschaffungen, besondere Einnahmen und Ausgaben
- *Eigentumsverhältnisse – heute und in Zukunft:* Wohnen und Nebenkosten pro qm, Finanzierung, Vermietung, Fahrzeuge/Boot/ Fahrrad und so weiter
- *Diskussion der Frage:* Was macht dich sonst noch aus? Hobby/ Sport, Ehrenamt/Verein, Tiere, Reisen

Erst jetzt erfolgt der gemeinsame Blick auf die aktuelle Vorsorgesituation. Es geht um die Stolpersteine im Leben und deine getroffenen Vorkehrungen, dein Einkommen dennoch zu sichern. Wir klären, was für deinen längsten Urlaub im Leben schon vorhanden ist:

- Welches Einkommen wirst du in Zukunft noch erzielen? Das ist der Wert, den deine Arbeitskraft in Euro und Cent von heute bis zum Eintritt in das Rentenalter hat. Warum diese Zahl so wichtig ist, erläutere ich später im Kapitel »Sicher auf der Anreise zu deinem längsten Urlaub« (Stolperstein 3).
- Dann erkläre ich, welche Stolpersteine in einem langen Berufsleben zum handfesten Risiko werden können: Krankheit – Pflegefall – Erwerbsminderung bis zum Totalausfall – Tod – Versorgung Hinterbliebener.
- Der nächste Blick gilt den aktuell vorhandenen gesetzlichen und privaten Absicherungen für diese Risiken.
- Jetzt folgt die Festlegung darauf, welche der genannten Risiken (Krankheit, Pflege, Berufs- und Erwerbsunfähigkeit, Unfall, Tod) von dir zukünftig als wichtig und welche als unwichtig eingestuft werden.
- Außerdem frage ich nach der persönliche Anlagementalität: konservativ, risikobewusst, spekulativ.

Zuletzt geht es um die Einschätzung, was dir beim Vorsorgethema besonders wichtig ist:

- Steuerliche/staatliche Förderung
- Vererbbarkeit der Ansprüche
- Hartz-IV-sicher sein oder vorzeitige Verfügbarkeit auch vor dem Rentenalter sicher
- Option der Einmalauszahlung

Dann bitte ich um Priorisierung dieser vier Punkte. Das also ist das Gerüst für das Gespräch. Wichtig ist immer, was sonst noch gesagt wird und wie es gesagt wird, was mein Gegenüber noch zum Thema sagen möchte und was aus individueller Sicht dazu gehört.

Was wir miteinander besprochen haben, wird in einer Art Protokoll dokumentiert, sodass wir uns jederzeit über die getroffenen Entscheidungen Gewissheit verschaffen können. Es umfasst nur wenige Seiten und ist damit sehr übersichtlich und klar.

Ausgestattet mit diesen Zahlen, Daten, Fakten und Informationen zu den Wünschen und Zielen kann ich für das zweite Gespräch passgenaue Vorschläge für die angestrebte Absicherung entwickeln.

Wenn wir all das besprochen haben und mein Kunde sich für ein konkretes Vorsorgekonzept entschieden hat, gibt es eine Zusammenfassung, die auf ein DIN-A4-Blatt passt. Denn ich finde es unzumutbar, wenn man als Laie Aktenordner voller Unterlagen wälzen muss, um die zentralen Punkte der eigenen Absicherung wiederzufinden. Übersichtlichkeit bringt einen unschätzbaren Vorteil: Der Kunde behält dauerhaft den Überblick über seine Entscheidung und ihre Grundlagen. Er sieht jederzeit sofort und auf einen Blick, warum er etwas so und nicht anders haben wollte. So wird es für ihn viel leichter, auf Dauer dranzubleiben.

Ich empfehle dir, solch eine Analyse für dich selbst zu machen, soweit du sie ohne externe Unterstützung durchführen kannst. Wenn du diese Klärung für dich vorgenommen hast, weißt du, wo du heute stehst und wo du im Jahr deines Renteneintritts stehen möchtest. Damit machst du es jedem Mentor, der dir beratend zur Seite stehen möchte, viel einfacher. Ich bin überzeugt davon, dass ein Mentor ein wertvoller Begleiter ist, wenn es um die großen Fragen geht, die in diesem Buch angesprochen werden. Woran du deinen Mentor erkennen und nach welchen Kriterien du ihn auswählen kannst, erzähle ich im Kapitel »Allein oder lieber mit Reisebüro, Reiseleiter und Mentor?«.

Mentale Regeln für deinen wahren Wohlstand

Wir haben bisher darüber nachgedacht, wie du Geld verdienen und es aufbewahren kannst, damit du deinen Ruhestand in Wohlstand verlebst. Jetzt ist genau der richtige Moment, um über einen anderen Aspekt des Wohlstands nachzudenken: Woran denkst du als Erstes, wenn du das Wort Wohlstand liest? An großes Einkommen und Vermögen, Autos, Häuser, Gold, Euros, Bitcoin, Aktien …?

All diese Dinge sind zähl- und messbar und laden dazu ein, sich mit anderen, die sie auch besitzen, zu vergleichen. Mal hast du mehr, mal jemand anders. Es geht nicht um die Qualität, sondern um die Quantität. Allerdings: Durch das Vergleichen wird die Gier genährt, noch mehr haben zu wollen, um die anderen zu übertrumpfen. Das bringt eine Unzufriedenheit hervor, die eigentlich gar nicht zu dem schon erreichten Wohlstand passt.

Auf jeden Fall ist das, was dabei in dir abläuft, nicht gut für dich und deine weitere Entwicklung. Wohlstand kann und sollte etwas ganz anderes für dich bedeuten. Meiner Meinung nach zeigt sich der wahre Wohlstand darin, dass es wohl um dich steht, du dich wohlfühlst und du mit dir selbst und deinen Zielen im Einklang stehst. Du hast dir ein Ziel gesetzt und es erreicht. Und das fühlt sich gut für dich an.

Dieses Gefühl wird dir in jeder Hinsicht guttun. Auf einem soliden materiellen Fundament, das du deiner eigenen Weitsicht und Konsequenz verdankst, spürst du Glück und Zufriedenheit. Du bist stolz auf dich und darfst es sein.

Um diese Art von Wohlstand zu erreichen, hetzt du nicht hinter dem Geld her, sondern setzt ein paar einfache Regeln um, die deine Entscheidungen klar machen. Schränke die Wahlmöglichkeiten auf drei Regeln ein. Ich nenne sie mit Hermann Scherer die Lebensstapel.[26] Wenn du bei allen Entscheidungen zwischen diesen drei Lebensstapeln wählst,

1. Ich mach es, und zwar sofort.
2. Ich mach es später, und zwar genau dann … (hier fügst du den Zeitpunkt des Projektstarts ein).
3. Ich mach es nicht.

… dann wirst du dich mit deinen bewussten Entscheidungen und ihren Folgen wohlfühlen. Natürlich musst du diese Vereinbarungen mit dir immer einhalten.

Die drei Lebensstapel

Fügst du einen weiteren Lebensstapel hinzu wie »Ich kann mich nicht entscheiden/Mal sehen/Vielleicht«, dann wird sich ein stetig wachsender Berg mit ungelösten Aufgaben auftürmen, der dich lähmt. Dann hast du keinen guten Stand, spürst Unwohlsein, wirst immer zweifeln und dir Sorgen machen.

Dieser vierte Stapel ist dein Energie-, Lebens- und Zeiträuber. Verbanne ihn darum aus deinem Leben. Sofort.

Dass Geld und wahrer Wohlstand mit deinem Gefühl eng verknüpft sind, weißt du schon. Hier kommt eine weitere Anregung, zu der mich der Money Coach Bodo Schäfer inspiriert hat.

Lass dich einmal auf den folgenden Gedankengang ein:

1. Emotionen und Glaubenssätze sind stärker als Logik, gute Argumente und Willenskraft.
2. Unsere Emotionen benutzen unseren Geist, um das zu bekommen, was sie wollen – dazu beeinflussen sie unsere Wahrnehmung.
3. Aus diesen winzigen Wahrnehmungsfragmenten montieren wir uns eine Geschichte, an die wir glauben und die Emotionen bei uns auslöst.
4. Für diese Geschichte fertigen wir stimmige Erklärungen an, die diese bestätigen.
5. Nun kehr den Spieß um: Nimm bewusst Einfluss auf deine Emotionen!
6. Lern, aus deiner Sorge dein Ziel zu machen. Mach dir einen Plan. Die Sorge verliert ihr Gift und wird zu einer Medizin in deinem Leben.
7. Solange du negative Gefühle (zum Beispiel Neid auf Reiche) mit Reichtum verbindest, wirst du niemals selbst reich werden.
8. Trainier mit einem Fünfhunderteuroschein im Portemonnaie (nicht ausgeben!), dich mit Geld wohler zu fühlen.
9. Wenn du angenehme Gefühle mit Geld und Wohlstand verbindest, wird dein Unterbewusstsein alles daransetzen, dass du dieses Geld und diesen Wohlstand auch erreichst.

Wichtig ist: Vergleich dich nicht mit anderen. Denn wenn du immer schaust, was andere haben, wirst du dich schlecht fühlen. Sobald du entdeckst, dass sie mehr haben, klüger oder schöner sind als du, wirst du dich arm, dumm oder hässlich fühlen. Wenn du dich hingegen nicht mit ihnen vergleichst, spielen andere Menschen keine Rolle für dein Wohlbefinden. Dann freust du dich ganz einfach an dem, was du hast und bist.

Stell dir vor, du bekommst 500 Euro mehr Gehalt. Tolle Sache, oder? Du freust dich, ist doch klar. Bis du erfährst, dass alle anderen 1.000 Euro mehr bekommen. Schon ist deine Freude verflogen und du wünschst dir so sehr, dass sie es nicht besser haben sollen als du, dass du lieber auf deine 500 Euro verzichten möchtest, wenn sie nur ihre 1.000 Euro auch nicht bekommen. Das ist doch verrückt, oder?

Dein Traumurlaub beginnt in deinem Kopf

Es gibt die Träume der Nacht und es gibt Tagträume. Sie entstehen in deinem Gehirn, sind bunt und manchmal völlig verrückt. Sie spiegeln etwas, das in dir wirkt – sie halten dir den Spiegel vor. Viele Menschen haben das Gefühl, ihren Träumen passiv ausgeliefert zu sein. Gehörst du dazu? Tatsächlich kannst du auf deine Träume Einfluss nehmen, kannst sie pflegen und ihnen eine tiefere Bedeutung für dein Leben geben.

Das meine ich ganz und gar nicht esoterisch. Wenn es um deinen Traumurlaub im Ruhestand geht, rate ich dir unbedingt dazu, deine Träume fest in den Blick zu nehmen. Ich möchte dir mit einer kleinen Geschichte erläutern, warum du damit einen wertvollen Schlüssel zu deinem Wohlstand in die Hand nimmst.

Die Geschichte von Jonathan

Der Vater von Jonathan war nie reich. Er arbeitete als herumreisender Pferdedresseur und war deshalb mit seiner Familie immer unterwegs von einem Stall zum nächsten, von einer Ranch zur nächsten, um Pferde zu dressieren. Die Schulausbildung von Jonathan wurde entsprechend oft unterbrochen.

Jonathan war zielstrebig, ließ sich nicht beirren und schaffte es bis in die Oberstufe. Gegen Ende der Schulzeit sollte er einen Aufsatz zum Thema schreiben, was er werden und in Zukunft tun wolle. Jonathan wandte sich der Frage begeistert zu. Auf sieben Seiten beschrieb er seinen Traum, eines Tages eine eigene Ranch zu besitzen. Er hatte alles genau vor Augen und zeichnete sogar einen Plan mit allen Gebäuden und Ställen. Das Haupthaus allein sollte 400 qm umfassen. Jonathan schrieb mit Herzblut und Emotion, gab seine Arbeit ab und erhielt zwei Tage später das Ergebnis.

Der Lehrer hatte ihm eine glatte 6 gegeben, und zwar mit der Begründung, der Traum sei für einen Jungen wie ihn völlig unrealistisch. »Du hast kein Geld und stammst aus einer armen Familie. Eine Ranch ist teuer. Du musst viel Land kaufen. Das kannst du niemals schaffen!«

Der Lehrer bot Jonathan an, die miserable Note zu überdenken, wenn er ihm eine neue Arbeit mit einem realistischen Ziel vorlegen würde. Jonathan dachte darüber nach und fragte schließlich seinen Vater. Der antwortete: »Das musst du selbst entscheiden, mein Sohn. Ich glaube, es ist eine sehr wichtige Entscheidung für dich.«

Jonathan traf seine Entscheidung. Er ging zu seinem Lehrer, legte ihm die Arbeit unverändert vor und sagte: »Sie können die 6 stehen lassen. Und ich kann meinen Traum behalten.«

Meine Frau und ich haben mit unserem Haus etwas erlebt, was mich an die Geschichte von Jonathan erinnert. Wir hatten noch keine Kinder, als der Plan entstand, von der Stadt aufs Land zu ziehen, was für mich aus beruflichen Gründen wichtig war. Meine Frau war nicht begeistert. Als sie aber auf der Landkarte entdeckte, dass die Region, in die es gehen sollte, von einem Fluss durchzogen ist und viele Seen hat, entschied sie: »Wenn schon Umzug, dann möchte ich an einem Gewässer wohnen.« Die Idee war geboren. Die finanzielle Seite trieb uns allerdings den Schweiß auf die Stirn. Mit Seeblick – das ist teuer. Gleichwohl: Wir haben das Ziel aufgeschrieben.

Fortan habe ich bei jedem Kundentermin in der Region nach geeigneten Immobilien Ausschau gehalten. Jeden Kunden, der ein Haus verkaufen wollte, habe ich nach der Lage gefragt und mit ihm über unseren Wunsch gesprochen. Dann kam ein älterer Herr in mein Büro, der sein Haus am See verkaufen wollte, um nach Spanien überzusiedeln. Wir schauten uns das Haus an und gaben uns das gegenseitige Versprechen, dieses Haus zu erwerben.

Ich stand mit meiner Selbstständigkeit noch am Anfang. Außerdem wünschten wir uns Kinder. Es war deshalb schwierig, unsere finanzielle Situation über einen längeren Zeitraum richtig einzuschätzen. Wir wollten es unbedingt versuchen, gaben uns aber auch das Versprechen, das Haus wieder zu verkaufen, wenn wir in eine finanzielle Schieflage geraten sollten. Nach langen Verhandlungen stand der Kaufpreis fest – und sorgte bei meiner Frau für Tränen in den Augen. Wir konnten uns nicht vorstellen, die benötigte monatliche Rate zu erwirtschaften. Wir versprachen uns trotzdem, das Unmögliche zu versuchen. Wir haben auch dieses Ziel schriftlich fixiert und umgesetzt. Mit viel Schweiß und Hilfe aus der Familie, aber vor allem mit der klaren inneren Ausrichtung: Das ist unser Haus und wir wollen es behalten! Neben allen konkreten Leistungen und Beträgen ist es vor allem das gewesen, was uns schließlich den Erfolg beschert hat.

Du siehst: Wir waren innerlich klar ausgerichtet und haben viele Schritte in die richtige Richtung getan. Wie gehst du mit deinen Träumen um? Hörst du auf andere, die sie dir als unrealistisch ausreden wollen? Wirst du vielleicht sogar selbst zum Saboteur deiner Träume? Hast du immer die große gedankliche Schere in der Hand und schneidest allzu kühne Elemente ab? Mit der vermeintlich realistischen Begründung: Das wird ja doch nichts!

Wage zu träumen

Nehmen wir einmal an, du hast dich jetzt entschieden, im Ruhestand entspannt das Leben zu genießen. Sorgenfrei und ohne jeden Cent zweimal umzudrehen. Du möchtest schön wohnen und dir leisten können, wonach dir der Sinn steht. Dazu passt dieses Urlaubsbild: ein Traumurlaub in einem tollen Fünfsternehotel an deinem schönsten Urlaubsziel. Meine Empfehlung:

Bleib bei diesem schönen Bild. Lass es nicht mehr los. Begib dich auf den Weg, der deine heutigen Verhältnisse mit dem erträumten Bild verbindet. Es gibt diesen Weg – und dieser Weg beginnt in deinem Kopf.

Es ist verblüffend: Wenn du deinen Wohlstand denken und fühlen kannst, kommt er. Umgekehrt sind auch Mangel und Armut eine Folge des eigenen Denkens. Und darum noch einmal: Wohlstand im Kopf bringt Wohlstand auf dem Konto!

Das klingt für dich nach Hokuspokus und ist viel zu einfach, um wahr zu sein? Nun, dann prüfe einmal ehrlich, ob du dein Leben jetzt und später in Wohlstand und Sorglosigkeit siehst oder ob du glaubst, dass du es immer in finanziell schwierigen Umständen verbringen wirst. Gibst du jedem angenehmen Tagtraum von besseren Zeiten immer schnell den gedanklichen Fußtritt? Ist es also so, dass du die Annahme, ein kümmerliches

Alter zu verbringen, für realistischer hältst als die Annahme, dass sich dein Ruhestand angenehm und sorgenfrei gestalten wird? Und wie sehen deine heutigen wirtschaftlichen Verhältnisse und deine Anwartschaften für deinen Ruhestand aus?

Tatsächlich ist deine Überzeugung, dass alles im Leben schiefgehen wird, was schiefgehen kann, nicht ein bisschen realistischer oder wahrscheinlicher als die Annahme, dass dir ausnahmslos alles gelingen wird. Wenn du die eine für Aberglauben oder esoterisches Tamtam hältst, musst du das auch bei der anderen tun.

Dennoch ist es nicht egal, wie du deine Überzeugungsweichen gestellt hast. Drei Dinge möchte ich dir aus meiner Arbeit als Mental Trainer für deine Überlegungen mit auf den Weg geben:

1. Es macht für das Erreichen von Zielen einen erheblichen Unterschied, ob du ein positives Lebensziel anstrebst, das dir Freude bereitet und dich beflügelt, oder ob du mit heimlicher Angst auf eine unerfreuliche Zukunft zugehst.
2. Für die negative Ausrichtung hast du dich ebenso entschieden (vermutlich ohne es zu wissen und zu bemerken), hältst an ihr fest und richtest deine Entscheidungen danach aus, wie du dich für eine positive Ausrichtung hättest entscheiden können. Wie auch immer: Es ist deine Entscheidung.
3. Die gute Nachricht: Es ist KEIN Schicksal, dem du hilflos ausgeliefert bist. Gerade weil du die Entscheidung selbst in der Hand hast, kannst du sie ändern. Du bist der einzige Mensch, der das kann.

Blick in die andere Richtung

Entdecke und beseitige die Hindernisse (negativen Gedanken), die dich hindern, zu deinem Wohl zu handeln. Lass positive Gedanken zu und vertraue ihnen. Du erreichst damit allgemein eine mentale Stärke, die dich durch viele Tiefpunkte in deinem Leben führen wird. Sie erweist sich außerdem als klarer Vorteil bei der Geldanlage, die du für deine Altersvorsorge auswählst. Du fragst, wie das geht? Mache dir deine mentale Kraft zunutze!

Stell dir dazu vor, dein Gehirn ist ein Muskel wie all die anderen Muskeln in deinem Körper. Du trainierst ihn übrigens täglich – und meistens ist dir das gar nicht klar.

Die Trainingseinheiten sind Informationen und Situationen, die dir von außen begegnen. Es sind aber vor allem auch all die vielen Überzeugungen und Glaubenssätze, die du auf deinem bisherigen Lebensweg gesammelt hast. Unser Gehirn liebt Routinen und folgt gern ausgetretenen Pfaden. Je häufiger du dir etwas wiederholst, desto tiefer brennt sich diese Gewissheit in deine Festplatte im Kopf ein. Beginnend mit Elternhaus und Schule über alle weiteren Stationen. Freunde und Feinde haben dich ebenso geprägt wie Gelesenes oder andere Erfahrungen. Aber Achtung: Hüte dich vor Echokammern im Internet! Die Themenfilter auf den populären Plattformen scannen dich und bieten dir in kürzester Zeit nur noch an, was dich in deinen Überzeugungen bestärkt. Du lernst nichts Neues dazu und kannst dich weder selbst kritisch hinterfragen noch dich weiterentwickeln.

Wenn du ausschließlich negative Informationen für glaubwürdig und realistisch hältst und durch deinen Filter lässt (wie der Lehrer von Jonathan), dann ist dein Gehirn einseitig in dieser Richtung trainiert und stark darin, dich mutlos und ängstlich zu machen. Dann hältst du keine Zukunft für erreichbar, die schöner, müheloser und reicher ist als deine Gegenwart. Du glaubst einfach nicht daran. Deshalb strebst du gar nicht erst danach und kannst kein Ziel erreichen, das in dieser Richtung vor dir liegt. Du erkennst viele Hindernisse, hältst sie für unüberwindlich und kommst nicht einmal auf den Gedanken, dass es Wege geben könnte, auf denen diese Hindernisse gar nicht erst auftauchen oder für dich überwindbar sind.

Schaff dir Fotobücher voll schöner Erinnerungen. Schau sie dir abends an, statt negative Gedanken zu wälzen. Schau dir dein wachsendes Vermögen auf dem Konto an. Freu dich über deine Fortschritte. Stell deinen Fokus bei schönen Dingen scharf.

Der mentale Weg funktioniert auch mit positiven Trainingseinheiten. Es fühlt sich vielleicht zuerst ungewohnt an. Manchmal ist es gar nicht einfach, den Schalter von negativ auf positiv umzulegen. Dann mach dir zunächst klar, dass dir der mentale Weg offensteht und du ihn für dich nutzen kannst. Unsere innere Einstellung bestimmt maßgeblich, ob unsere Erfahrungen eher positiv oder eher negativ sind. Sie hat einen erheblichen Einfluss darauf, ob wir gesund bleiben oder krank werden. Zum Beispiel kann eine negative Einstellung zu unserer Arbeit uns krank machen, obwohl die Arbeit selbst gar nicht gesundheitsgefährdend ist.

Wo also kannst du den Hebel ansetzen, um deine Einstellungen zum Positiven zu wandeln? Sonja Lyubomirsky berichtet in ihrem Buch »Glücklich sein«[27], dass und wie sie zusammen mit Ken Sheldon und David Schkade festgestellt habe, dass unser Empfinden von Glück und Zufriedenheit

- zu rund 50 Prozent genetisch festgelegt ist,
- zu 10 Prozent von allgemeinen Umständen abhängig ist, die teilweise schwer zu ändern sind (Hautfarbe, soziale Schicht, Einkommen), und
- zu 40 Prozent mit unserem Alltagsverhalten zusammenhängt und damit, wie wir über uns selbst und unsere Situation denken.

Es sind die zuletzt genannten 40 Prozent, an denen wir ansetzen können, um unsere Einstellung mit der größten Aussicht auf Erfolg zu ändern. Dies gelingt dir mithilfe dieser sechs Aktivitäten:

- Aktivität 1: Gesteh dir zu, einen positiven, erfreulichen Traum von deiner Zukunft zu träumen.
- Aktivität 2: Lass zu, dass dazu Ideen und Details in deinem Kopf entstehen.

- Aktivität 3: Schreib dir auf, was du siehst, worauf du dich freust. Mal es dir schön aus.
- Aktivität 4: Visualisiere dir jeden Tag, was du dir aufgeschrieben hast. Beginn deinen Tag damit und lass ihn damit enden, dich zu fühlen, als wenn dein Wunsch schon wirklich geworden wäre.
- Aktivität 5: Bleib weit und offen im Umgang mit deinem Traum. Lass ihn entspannt los. Dein Unterbewusstsein ist längst auf seine Erfüllung programmiert. Dein positiver Traum kehrt in Freiheit immer wieder zu dir zurück.
- Aktivität 6: Vertrau darauf, dass sich dein Traum erfüllen wird. Zeig Geduld und hadere nicht mit der Zeit oder widrigen Umständen. Das Richtige wird geschehen.

Tatsächlich dauert es (mindestens) sechs Wochen, in denen wir die neue Denkweise regelmäßig trainieren, bis wir unser altes Verhalten abgelegt und ein neues eingeübt haben. In dieser Zeit sind Rückfälle in alte Muster völlig normal. Bedenke, wie lange du den anderen Weg beschritten hast. Sei geduldig mit dir und kehre bei nächster Gelegenheit zur neuen Verhaltensweise zurück.[28]

Urlaubstraum statt Altersvorsorge

Es gehört zu meinem Beruf als Versicherungskaufmann, mit Menschen über ihr Leben zu sprechen. Sie wollen persönliche Risiken abschätzen und eventuell absichern. Immer geht es um ihr Geld und ihre Zukunft; oft um ihre späten Jahre. Ich möchte dir erzählen, wie ich früher damit umgegangen bin und wie ich es heute mache, wenn mir Menschen gegenübersitzen, die entweder gar kein oder kein positives Lebensziel haben. Und das sind die meisten.

Früher habe ich sie auf das Thema »Altersvorsorge« direkt angesprochen – und damit ungewollt einer positiven Herangehensweise den Boden entzogen. Denn das Wort weckt negative Assoziationen. Wir werden uns der Endlichkeit unseres Lebens bewusst. Wir denken an Verschlechterungen und Einschränkungen, die mit dem Alter einhergehen. Wir sehen Bilder von eingefahrenen Routinen, Pflegebedürftigkeit und verminderter Lebensqualität vor uns, wenn wir an unser Alter denken. Das lässt Gedanken keimen, aber keine Träume reifen. Weil das so unangenehm ist, was da auf uns zukommt, beginnen wir gar nicht erst damit, die notwendigen Schritte umzusetzen. Wir bremsen uns mit dieser negativen Haltung selbst aus – und das hat Konsequenzen:

- Ein Traum von einem schönen Leben im Ruhestand wird gar nicht erst zugelassen.
- Es entstehen keine angenehmen individuellen Bilder vom Ruhestand als der längsten arbeitsfreien Zeit des Lebens.
- Es reifen keine Träume.
- Jede konkrete Planung wird gestoppt oder gar nicht erst begonnen.
- Ohne Zielvorstellung gibt es keine machbaren Schritte für all die vielen Tage, Monate und Jahre auf dem Weg bis zum Ziel.
- Man fühlt sich angesichts des unerfreulichen Ziels kraftlos und beginnt nicht mit der Umsetzung.
- Zeit geht verloren!

Das ist also keine hilfreiche Herangehensweise. Deshalb male ich mit meinen Kunden heute an einem klaren Bild vom längsten Urlaub ihres Lebens. Die Schritte dorthin sind genau die sechs Aktivitäten, die ich oben genannt habe.

Zum Schluss dieses Kapitels erzähle ich dir eine weitere Geschichte:

Shantideva, ein weiser indischer Königssohn, der nach buddhistischer Überlieferung im achten Jahrhundert gelebt hat, erklärt, warum wir uns überhaupt nicht sorgen müssen: Entweder habe ich gar kein Problem, dann muss ich mir keine Sorgen machen. Oder ich habe ein Problem, das ich lösen kann, dann brauche ich mir keine Sorgen zu machen. Oder ich habe ein Problem, das ich nicht lösen kann, dann hilft mir Sorgenmachen auch nicht.

Ganz gleich, wie deine Überlegungen lauten: Es ist eher kontraproduktiv, sich Sorgen zu machen – das zeigt auch die folgende Abbildung:

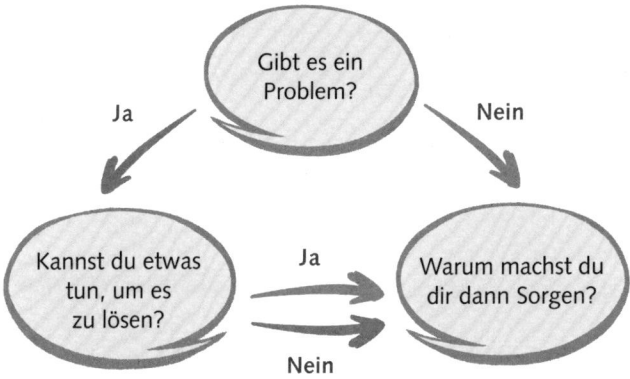

Warum wir uns nicht sorgen müssen

Weil Urlaubspläne uns Spaß machen – und Vorsorge nicht

Vorsorge ist eine unangenehme Vorstellung für uns, besonders, wenn wir sie mit dem eigenen Alter zusammenbringen und dabei unweigerlich an unser Lebensende denken.[29] Bemerkenswert finde ich, dass unter dem Gesichtspunkt »Vorsorge« das Geld, der eigene Wohlstand und womöglich gar der eigene Reichtum für viele Menschen genauso unangenehme Themen sind wie Krebserkrankungen oder das Alter. Ist das nicht seltsam?

Was würdest du spontan antworten, wenn ich dich jetzt frage, ob du gern reich sein möchtest? Vermutlich: Ja. Und was würdest du antworten, wenn ich dich jetzt frage, ob du im Ruhestand gern reich sein möchtest? Vermutlich: Ja, aber …

Sobald man nicht nur das angenehme Ziel, sondern auch den Weg dahin in den Blick nimmt, wird es kniffelig. Gilt das so auch für dich? Dann lade ich dich ein, es zu machen wie meine Kunden, wenn wir über ihre Lebenspläne und Versicherungswünsche reden. Die einzelnen Schritte habe ich dir in dem Kapitel »Mit System zum Vorsorgekonzept« genannt.

Meine weitere Empfehlung ist: Nimm Abschied von dem Bild von der Altersvorsorge und freu dich auf den längsten Urlaub deines Lebens. Mal ihn dir aus. Mach es dir in Gedanken richtig schön. Spür schon einmal, wie gut es dir gehen wird und wie frei du dich dabei fühlen wirst. Du wirst dann von vielem unbelastet sein, auf das du heute noch Rücksicht nehmen musst. Du wirst stolz auf dich sein, all das erreicht zu haben, und die Früchte deines Fleißes genießen können.

Du kennst den Weg dorthin nun schon gut – beschreite ihn. Schreib dir auf, was du dir erträumst. Ruf dir das schöne Bild und die angenehmen Gefühle an jedem Tag einmal zurück. Aber klammere dich nicht an das schöne Traumbild. Lass es einfach nur zu und genieße es. Lass dir Zeit, deinen Traum zu verwirklichen, und habe Vertrauen, dass es dir gelingen wird. Tu es! Zweifle nicht! Halt an deinem Traum fest! Und lass nicht zu, dass andere deinen Traum zerstören.

Sparen heißt Mangel

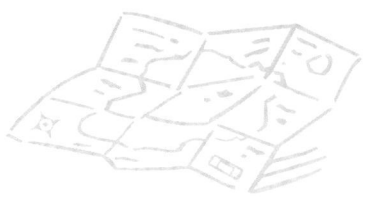

Du hast nun ein positives Bild vom längsten Urlaub deines Lebens in Wohlstand vor Augen. Du visualisierst es täglich und gibst deinem Unterbewusstsein Freiraum, dich auf den richtigen Weg dorthin zu lotsen. Nun möchte ich mit dir noch ein anderes begriffliches Hindernis aus deinem Weg zum Ziel beiseiteräumen. Ich meine das Wort »Sparen«.

Unser Gehirn tut sich schwer mit dem Sparen, genauer gesagt mit dem, was das Wort besagt. Es verhält sich ähnlich wie mit dem Wort »Altersvorsorge« – wir denken sofort an etwas Negatives. In diesem Fall an einen Verzicht, womöglich, weil das Einkommen schrumpft. Hilfe! Mangel!

Geld ausgeben – also das Gegenteil von Sparen – wird uns verführerisch leicht gemacht. Die Wirtschaft freut sich über eifrige Konsumenten. Steht uns genügend Geld zur Verfügung, werden wir hofiert. Alle wollen uns etwas Tolles verkaufen oder uns angenehme Dienste erweisen. Als Kunde bist du König.

Es entspricht leider auch den Vorlieben sehr vieler Menschen, möglichst alles sofort haben zu wollen. Der Reiz, sich einen spontanen Wunsch zu erfüllen, lässt die langfristigen, zuweilen auch belastenden Folgen in Vergessenheit geraten: Das neue Sofa ist großartig, klasse, wenn es endlich im Wohnzimmer steht. Die lange Laufzeit für den Kredit hingegen fließt nicht in die Kaufentscheidung mit ein.

Für das Abwägen langfristiger Folgen ist unser Gehirn entwicklungsgeschichtlich schlecht gerüstet. In unserer frühen Entwicklung als Menschen war es ein Vorteil, nicht lange zu überlegen, wenn sich an unserem Weg etwas Nahrhaftes fand. Wir aßen es sofort. Die Versorgungslage war komplett anders als heute. Unsere Vorfahren konnten nicht einkaufen gehen, sondern jagten und sammelten. Sofort zuzugreifen hieß zu überleben. Heute ersticken wir eher in einem Angebot von Dingen, die wir mehrheitlich gar nicht benötigen. Aber wir ticken in vielerlei Hinsicht bis heute wie unsere Vorfahren. Bezüglich unserer Einstellung zum Geld wird daraus ein erheblicher Nachteil. Das spontane Zugreifen, sobald sich irgendein Angebot zeigt, hindert uns daran, wohlhabend werden zu können. Denn die rasche Bedürfnisbefriedigung verhindert den langfristigen Vermögensaufbau. Erinnerst du dich noch an das Marshmallow-Experiment mit den Kindern?

An die, die sofort genascht haben, und an die, die den Genuss aufschieben konnten, um die doppelte Portion zu bekommen?

Das heißt: Wird ein Bedürfnis bei uns geweckt, das wir sofort befriedigen können, schaltet sich unser limbisches System ein, das unser Triebverhalten gegenüber der Umwelt reguliert. Wir suchen den schnellen Kick und reagieren emotional aus dem Affekt heraus. Auf nichts anderes übrigens zielt Werbung. Und zwar mit großem Erfolg. Was meinst du, warum Shopping-Events wie der *Black Friday* so unfassbar hohe Umsätze bringen? Richtig, unser limbisches System wird getriggert, das Bedürfnis nach dem schnellen Kick befriedigt. Also an der Stelle, an der die Wehrlosigkeit unseres Gehirns besonders groß ist. Uns wird vermittelt, dass nur eine begrenzte Anzahl von Artikeln über einen eingeschränkten Zeitraum zu sehr günstigen Preisen erworben werden könne. Der Jäger und Sammler in uns reagiert wie gewünscht: »Ich will das für mich haben, bevor andere es nehmen. Jetzt.«

Ein anderer Trick der Werbung ist das Fokussieren auf den Preisnachlass. Wenn dir ein Rabatt von 50 Prozent (womöglich nur für kurze Zeit) versprochen wird, denkst du nur an das Geld, das du *nicht* zahlen musst. Dass du die andere Hälfte, die du berappen musst, eigentlich für andere Zwecke zurückgelegt hast oder benötigst, tritt dabei völlig in den Hintergrund. So kommt es auch zu diesen unsinnigen, aber verbreiteten Aussagen im Handel: »Mit diesem Einkauf hast du zehn Euro gespart!« Nein, das hast du nicht! Stattdessen hast du x Euro für etwas vermutlich Überflüssiges ausgegeben. Und diese Summe fehlt dir an anderer Stelle!

Shoppen macht Spaß. Wer fühlt sich nicht gern als König oder Königin? Manche feiern mit und bei einem ausgiebigen Einkaufsbummel ein schönes Ereignis. Oder sie trösten sich über etwas hinweg und bekämpfen ihren Frust. Unser Körper spielt mit und schüttet Glückshormone aus. Du kannst einen regelrechten Kaufrausch erleben. Der Preis für diese Therapie ist allerdings sehr hoch.

Klar ist: Konsum und Geldausgeben sind die Motoren der westlichen Wirtschaft. Sparen bedeutet demnach Konsumverzicht. Der britische Ökonom, Politiker und Mathematiker John Maynard Keynes (1883 bis 1946) vermutete sogar, dass allzu viele Sparer einen Rückgang der Konjunktur auslösen und die gesamtwirtschaftliche Lage negativ beeinflussen könnten. Sparen ist offenbar sowohl dem Laien als auch dem Fachmann suspekt – wenn auch aus unterschiedlichen Gründen.

Bin ich zu blöd zum Sparen?
Oder ist Sparen blöd?

Vielleicht sparst du schon längst und fragst dich gerade, ob du unter den aktuellen Umständen blöd bist und dein Geld nicht lieber jetzt ausgeben solltest. Nach einer Studie des Meinungsforschungsinstituts GfK im Auftrag der Gothaer Versicherung[30] denken über 30 Prozent der Befragten so. Lieber jetzt etwas davon haben als für das Alter sparen. Angesichts niedriger Zinsen ist das verständlich.

Die Gründe, warum die Deutschen sparen, ändern sich im Laufe ihres Lebens. Zwar steht die Altersvorsorge an erster Stelle; aber gerade Jüngere und bedauerlicherweise Frauen blenden dieses Thema meistens aus.

Beim Marshmallow-Experiment konnten wir sehen, dass es unterschiedliche Typen gibt, wenn es um die Frage geht, ob man sparen oder abwarten und den Genuss verschieben soll. Ich möchte das Thema vertiefen: Welche Gründe gibt es, nicht oder auf eine uneffektive Weise zu sparen?

- Der eine Typ lebt eher in den Tag hinein und denkt nicht großartig an morgen.
- Ein anderer Typ macht sich viele Gedanken und wünscht sich persönliche Sicherheit in 30 oder 40 Jahren. Er weiß aber nicht, wie er das anfangen soll – und fängt dann auch nicht an.
- Ein Typ ist auf komplette Sicherheit bedacht, legt Geld aufs Sparbuch und kann zuschauen, wie die Inflation das Geld vernichtet. Die Summe mag größer werden. Aber der Wert sinkt.
- Der nächste Typ investiert, um seine Kaufkraft auch im Alter zu erhalten, hat Pech mit seiner Strategie und verliert dadurch die Energie, dranzubleiben.
- Ein anderer Typ lässt sich von der Fülle allgegenwärtiger Konsumangebote ablenken – er wollte eigentlich sparen, aber das Leben ist doch so vielfältig und bietet doch so viel …
- Der vorsichtige Typ glaubt, er müsse erst die gesamte Summe für den Kauf einer Immobilie auf dem Sparkonto liegen haben, bevor er aktiv wird.
- Ein anderer Typ spart vorbildlich und wird dann von einem unwiderstehlichen Konsumangebot verlockt, sein Vermögen doch noch anzugreifen.

Welche Gründe hast du, nicht zu sparen? Und wie kannst du deinen Gründen die Kraft nehmen, dir die Zukunft zu verbauen? Aus meiner Sicht gibt es fünf wesentliche Ansätze:

- *Ansatz 1: Find (mindestens) einen Mentor:* Lass dich beraten und begleiten. Du kannst nicht alles wissen, und in der sehr langen Zeit bis zum Ziel kann dir immer mal die Puste ausgehen. Dann ist es gut, wenn sich jemand um dich kümmert, dir die richtigen Informationen gibt und bei Stress an deiner Seite steht.
- *Ansatz 2: Verlass dich nicht auf den Staat:* Wir haben uns mit dem Thema der gesetzlichen Rente ausführlich beschäftigt. Du weißt, dass dieses System auf Dauer für eine schnell wachsende Zahl von Steuerzahlern schon heute nicht mehr funktioniert.
- *Ansatz 3: Nimm eine positive Haltung zum Sparen ein:* Ich erzähle dir gleich ausführlich, wie das funktionieren kann.
- *Ansatz 4: Schaff dir ein System des Belohnens:* Das System wird zum Dreh- und Angelpunkt für eine andere Sicht auf dich und deine Zukunft. Ich erzähle dir gleich mehr dazu.
- *Ansatz 5: Denk positiv:* Dieser Rat fußt auf persönlicher Erfahrung und vielen Gesprächen. Er ist das zentrale Motiv, warum ich dieses Buch für dich schreibe.

Sparen hat doch was

Sparen – oder besser: Investieren – ist gar nicht so blöd, wie uns die Werbung weismachen möchte. Letztlich läuft jedes Investieren darauf hinaus: Spare in der Zeit – dann hast du in der Not. Wobei wir die Not ja abwenden wollen. Darum gilt:

Spare in der Zeit – dann hast du im längsten Urlaub deines Lebens.

Aber in deine Zukunft investieren kannst du immer nur das, was du nicht für deinen Konsum ausgibst. Es bleibt dabei: Jeden Euro und jeden Cent kannst du nur einmal ausgeben. Heute oder später.

Wenn du dir ein schönes Leben im Alter vorstellst, ist Sparen eine wirklich gute Idee. Es hilft dir schließlich, den Weg vom Heute bis zu deinem längsten Urlaub zielgerichtet zu gehen. Wenn du dir heute Geld zurücklegst, kannst du morgen größere Investitionen angehen. Das bekannteste Beispiel dafür ist der Erwerb einer Immobilie ohne oder mit Eigenkapital. Es hat sich mittlerweile herumgesprochen, dass eine Vollfinanzierung ohne Eigenkapital eher keine brillante Lösung ist. Wenn du dein Geld nicht einfach hamsterst (im Sparstrumpf oder unter dem Kopfkissen), sondern als Investition[31] zum Arbeiten bringst, dann kurbelt es deine Umsätze von morgen an. Sogar Spareinlagen funktionieren so, weil die Banken mit ihnen arbeiten. Nicht einmal John Maynard Keynes hätte etwas dagegen haben können.

Tatsächlich sind sich viele Ökonomen einig, dass das zurückgelegte Geld derjenigen, die nicht sofort konsumieren, auch der Wirtschaft nutzt. Es ist nicht weg, sondern bleibt im Wirtschaftskreislauf.[32] Die Spareinlagen fließen über die Banken zu Kreditnehmern, Investoren und Firmen, von denen es wiederum mit Aussicht auf Renditen ausgegeben wird.

Schon im vorchristlichen Rom wusste der Politiker, Anwalt, Schriftsteller und Philosoph Marcus Tullius Cicero: Sparen ist eine gute Einnahme! Und daran hat sich bis heute nichts geändert.

Dazu gebe ich dir einen Mentaltipp mit auf den Weg: Falte einmal die Hände und schau, welcher deiner Daumen obenauf liegt. Das fühlt sich normal und richtig an. Nun wechsele mal die Position der Daumen. Fühlt sich schon seltsamer an? Nun wechsele die Position aller Finger. Echt komisch, oder? Die Übung zeigt: Wenn du dir vornimmst, zukünftig immer die neue Fingerstellung einnehmen zu wollen, wenn du deine Hände faltest, dann bedeutet das eine große Umstellung. Du musst dich darauf konzentrieren und es dir vornehmen. Und vor allem musst du es immer und immer wiederholen. Dies ist auch wichtig, wenn du dich vom Nicht-Sparer zum Sparer entwickeln möchtest.

Es gibt einen weiteren Trick, mit dem du deinen stärksten Verbündeten, dein Unterbewusstsein, mit ins Boot holst. Wie kommen wir zu einem positiven Denken und Fühlen, wenn es um das Sparen geht? Wie stärken wir unser Unterbewusstsein mit einem Bild, das garantiert funktioniert? Mein Tipp dazu: Wir machen aus dem Sparen ein Belohnen. Ein sich selbst

Belohnen. Das Gegenteil von Sparen ist dann nicht etwa, Geld auszugeben, sondern sich heute schon mit dem Wohlstand im Alter zu belohnen. Mit deinem positiven Denken, das du durch tägliche Visualisierung fester in deinem Unterbewusstsein verankerst, belohnst du dich in Vorfreude auf deinen wunderbaren längsten Urlaub im Leben.

Sparen impliziert, dass du kein Geld ausgeben kannst. Belohnung impliziert, dass du dein Geld nutzt, um dich im Alter für deine Lebensleistung mit Wohlstand zu belohnen.

Belohnung ist positive Energie

Das Wort »Belohnen« ist dir nun schon an verschiedenen Stellen in diesem Buch begegnet. Ich habe dir erzählt, wie wir es zu Hause damit halten und uns finanziell für Leistungen belohnen, die andere »einfach so« erbringen. Ich habe dir eben vorgeschlagen, das Wort »Sparen« durch das Wort »Belohnen« zu ersetzen und es zum Bestandteil deiner täglichen positiven Visualisierung zu machen. Das ist übrigens einfach, denn wir lieben Belohnungen und streben danach. Da es um deine eigene Zukunft geht, spreche ich vor allem von Belohnungen für dich selbst.

> Sich belohnen heißt, sich etwas Gutes zu tun und sich bei sich selbst zu bedanken, um so Dankbarkeit, Zufriedenheit und Glück zu spüren.

In Ehe und Familie basiert die Belohnung auf Wertschätzung und Liebe. In der Schule funktioniert die Belohnung über gute Noten. Im Vertrieb gibt es das Belohnungssystem der Bonifikationen. Und in der Vermögensbildung steht die Belohnung für Rücklagen und Investitionen. Für unser Thema stehen zeit- und geldbasierte Belohnungen im Mittelpunkt. Errichte dir dein persönliches finanzielles Belohnungssystem – und du wirst etwas wahrnehmen, was ich in diesem Buch gar nicht oft genug wiederholen kann: Wohlstand im Kopf schafft Wohlstand auf dem Konto.

Wie gefällt dir die Idee, dich zukünftig selbst zu belohnen? Mit Geld, das du dir in dafür vorgesehene Töpfe legst? Verbindlich im Rahmen eines Belohnungssystems, das du mit dir selbst und – so vorhanden – mit deiner Familie vereinbarst? Fühlt es sich noch fremd an oder hat dein positives Denken schon den Weg dafür bereitet? Dein positiv gestimmtes Unterbewusstsein wird ein konsequent praktiziertes Belohnungssystem definitiv begrüßen. Wenn du dich für Dinge belohnst, die zu entscheiden in deiner Macht liegt, gewinnst du Energie und spürst Glück und Dankbarkeit. Probier es mit einfachen Dingen[33] aus:

- Such dir ein Girokonto ohne Kontoführungsgebühren.
- Halt keine Abonnements, die du nicht nutzt.
- Üb Zurückhaltung bei Internetkäufen: Zu oft behält man etwas, obwohl es nicht passt. Es wird generell zu viel gekauft, weil es so einfach ist.
- Kauf nicht auf Raten.
- Leg dir ein wöchentliches Budget fest. Kauf vor Ort und bezahl bar.
- Vereinbar mit deinem Partner eine transparente Gemeinschaftskasse.
- Vergleich regelmäßig die Angebote für Energie, Versicherungen und Finanzierungen.
- Nutz staatliche Förderungen für deine Altersvorsorge und deine Vermögensbildung.
- Wenn du baust oder sanierst: Mach deine Immobilie energieeffizient.
- Wenn du baust: Plan große Südfenster ein.
- Pflanz in deinem Garten oder auf deinem Balkon Kräuter, Obst und Gemüse.
- Achte beim Lebensmittel- und Kosmetikkauf auf Angebote.
- Wirf keine Lebensmittel weg. Kauf nur, was du auch verbrauchst.
- Lass das Auto stehen, geh zu Fuß oder nimm das Fahrrad.
- Nutze dein Handy lange. Vergleich regelmäßig deinen Handyvertrag mit anderen Angeboten.
- Verzichte bei Unterhaltungselektronik auf den letzten Schrei.
- Geh nicht so oft essen und lass dir auch nichts ins Haus liefern.
- Tank, wenn es günstig ist.
- Lass dein Auto in einer freien, aber guten Werkstatt reparieren.
- Schalt das Licht aus, wenn du den Raum verlässt.
- Lass Elektrogeräte nicht dauerhaft im Stand-by-Modus. Trenn sie von der Steckdose oder besorg dir Kippschalter.
- Leg beim Kochen den Deckel auf den Topf.
- Dusch dich, statt ein Bad zu nehmen.
- Installier eine Sparspülung an der Toilette.
- Lass kein Wasser unnötig laufen, wenn du dir die Zähne putzt, dich kämmst oder dich rasierst.

- Bau einen Spar-Strahlregler in den Wasserhahn ein.
- Halt die Raumtemperatur bei höchstens 21 Grad.
- Trag im Winter warme Hausschuhe und auch drinnen einen Pullover.
- Strick selbst und stopf die Löcher im Selbstgestrickten.
- Kauf haltbare Schuhe, pfleg sie regelmäßig und lass sie vom Schuster reparieren.
- Mach Maniküre und Pediküre selbst. Verzichte auf Acryl- oder Gelnägel.
- Pfleg deinen Körper, halt ihn gesund und verzichte darauf, ihn zu strapazieren (dekorative Kosmetik, Sonnenstudio und Ähnliches).
- Mach bei der Kleidung nicht jede Mode mit. Bleib bei deinem Stil. Achte auf gute Kombinierbarkeit und Qualität.
- Verkauf bei eBay, was du nicht mehr benötigst.
- Nutz Secondhand für Kauf und Verkauf von Büchern, Kleidung und so weiter.
- Bezahl dich selbst zuerst! Stichwort: Vermögensaufbau.

Du siehst, es sind oft kleine Dinge, die sich aber summieren, die dir jedoch entscheidend weiterhelfen und dann auch noch für gute Laune sorgen, weil du in Harmonie mit deinem Ziel lebst. Weil es so einfach ist, kannst du dir ständig neue Erfolgserlebnisse bescheren. Dir wird nichts Wesentliches fehlen, aber eine Menge bisher verplempertes Geld steht dir wieder zum Zurücklegen zur Verfügung. Wenn du dich dafür belohnst, indem du das eingesparte Geld für dich zurücklegst, machst du alles richtig.

Du wirst Dankbarkeit für all das Gute empfinden, dass dir dein Leben bietet und das du dir selbst bereitest. Das erhöht deine Lebensfreude (auf dem langen Weg bis zum längsten Urlaub) und wird dich die Dinge anders betrachten lassen. Dein Leben fällt dir leichter, es gelingt dir mehr und mit Rückschlägen wirst du besser fertig.

Das gilt auch für deinen Umgang mit Geld:

Wenn du die Glücksmomente in deinem Leben suchst und bewusst wahrnimmst und dankbar dafür bist, dann fällt es dir auch leichter, positiv mit Geld umzugehen. Du kannst dann aufhören dich (rein quantitativ) mit anderen zu vergleichen, bleibst bei deinen eigenen Zielen und freust dich über jeden Schritt, der dich ihnen näherbringt.

So wird schon die Vorbereitung auf deinen längsten Urlaub zu einer großen Freude – ganz so, wie ich es dir einleitend von meinen Töchtern erzählt hatte, denen wir die Planung für unseren Familienurlaub komplett überlassen haben. Und wie du es bestimmt von dir selbst kennst, wenn du schon einmal einen ganz besonderen Jahresurlaub organisiert hast.

Belohne dich mit deinem perfekten Urlaub!

Die lähmenden Vorstellungen von Vorsorge und Sparen hast du überwunden. Du bist neu ausgerichtet und hast ein großartiges Ziel vor Augen: deine Vermögensbildung für den längsten Urlaub deines Lebens. Freu dich darauf und gönn dir, dass es eine richtig gute Zeit für dich wird. Es soll dir an nichts fehlen. Frei von materiellen Sorgen wirst du die selbst vorbereitete Belohnung für dein tätiges Leben genießen. Belohn dich also ab jetzt kontinuierlich für deinen Fleiß und deine Arbeit. Damit machst du es dir im Alter richtig schön, und das hast du dir – in jeder Bedeutung des Wortes – verdient!

Erlebe die Freude, dich selbst zu belohnen!

Mein Trick mit den Spardosen

Neben der emotionalen Seite, die tatsächlich die entscheidende ist, um das Ziel zu sehen und es über einen sehr langen Zeitraum anzustreben, muss natürlich auch Geld zusammenkommen. Für mein persönliches Belohnsystem habe ich eine handfeste Lösung gefunden: einen Brotkasten, in dem Spardosen[34] für bestimmte große Ziele stehen. Das hat den Charme, dass ich diese Ziele immer vor mir habe, wenn ich Geld verdiene, denn der Brotkasten mit den Spardosen steht auf meinem Schreibtisch direkt vor meiner Nase.

Die einzelnen Gefäße habe ich mit einer emotionalen Botschaft für mich aufgeladen. Der Brotkasten ist für mich ein Symbol für Haltbarkeit. Darin kann man Brot länger aufbewahren als außerhalb. Genau das habe ich mit dem Geld vor, das in die verschiedenen Spardosen kommt.

Die erste Dose ist eine Zuckerdose: Sie steht für mein Ziel, mir den längsten Urlaub im Leben zu versüßen. Darin dokumentiere ich meinen Vermögensstatus.

Die zweite Dose sieht aus wie ein Reisekoffer: Sie ist für mich verknüpft mit dem Ziel, das Ende meiner Berufstätigkeit mit einer Weltreise im Wert von 200.000 Euro zu feiern. Ich habe dafür schon feste Termine im Blick. So habe ich dieses Ziel für den Start in meinen längsten Urlaub klar verankert.

Die dritte Dose erinnert in ihrer Form an ein Haus: Sie steht für mein Ziel, zu einem bestimmten Zeitpunkt schuldenfrei zu sein. In ihr dokumentiere ich die Entschuldung meiner Immobilie.

Der Deckel der vierten Dose zeigt einen Campingbus am Strand: Das ist das Bild für mein Ziel, mir Konsum schon heute zu erlauben und mich zu belohnen.

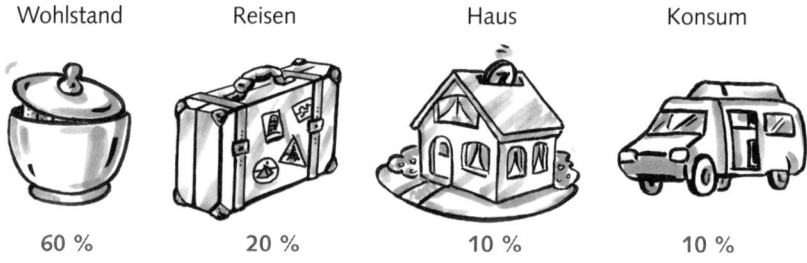

Wohlstand	Reisen	Haus	Konsum
60 %	20 %	10 %	10 %

Meine Spardosen und ich

Nun finden zum Beispiel 200.000 Euro in der Reisekoffer-Dose keinen Platz. Von den anderen Vermögen ganz zu schweigen. Das ist nicht nur eine Frage des Platzes in der Spardose, sondern auch eine Frage des Durchhaltens, um diese gewaltigen Summen aufzubringen. Dafür schließe ich mit mir die schon erwähnten Belohnungsverträge ab. Für jeden Thementopf habe ich einen eigenen Belohnungsvertrag, der genau beschreibt, wie viel Geld aus meinen Quellen in den jeweiligen Topf kommt. Zur Kontrolle und Dokumentation des Fortschritts liegt in jeder Dose ein Buch, in dem das Ziel und die Einzahlungen festgehalten sind. Konkret geht das so:

- Zu Beginn eines jeden Monats lege ich einen Betrag fest, der auf ein separates Konto kommt.
- Ich bezahle/belohne mich zuerst – und tätige dann erst meine fixen und meine variablen Ausgaben!
- Der Betrag kommt zwar in einer Summe auf ein Konto, aber in den Büchern in meinen Spardosen werden die einzelnen Werte festgehalten.
- Um mich zu belohnen, schreibe ich von dem festgelegten Betrag
  - 60 Prozent in das Buch in der Zuckerdose für meinen Wohlstand im Alter,
  - 20 Prozent in das Buch im Reisekoffer für die Weltreise mit meiner Frau,
  - 10 Prozent in das Buch in der Hausdose (und weil ich so schon schuldenfrei geworden bin, lege ich jetzt Geld für zukünftige Chancen auf Immobilienerwerb zurück; erinnere dich an den Fünfhunderteuroschein im Portemonnaie – du kannst jederzeit ein gutes Geschäft abschließen) und
  - 10 Prozent in das Buch für Konsum von heute oder morgen.

Außerdem nehme ich mir für jeden Monat bestimmte persönliche Ziele vor, die ich angehen, erledigen und schaffen möchte. Sie werden von mir mit einem bestimmten Geldwert versehen. Wenn ich sie erreiche, fließt der Geldwert wieder auf mein Konto und wird in den Büchern vermerkt.

Entsprechendes mache ich im Geschäftsleben: Als langjährig Selbstständiger habe ich Vorstellungen von den Erträgen, die mir bestimmte Geschäfte bringen werden. Diese Erträge lege ich für meine Ziele zurück und trage sie in die Bücher ein.

Wofür sich meine Frau und Töchter selbst mit Geld belohnen, hatte ich schon erzählt. Hier sei noch ergänzt, dass wir auf diese Art auch jeden kleinen oder großen Sieg feiern. Ob unsere Töchter, als sie noch klein waren, beim Seifenkistenrennen oder Ringreiten gewannen oder unsere Jüngste mit sechs Jahren ihren ersten Schusterlauf über fünf Kilometer schaffte – immer wanderte eine Belohnung auf das entsprechende Konto der Kinder. Unsere Belohnungssysteme werden durch die Vertragsform verbindlich. Wir legen darin förmlich fest, nach welchen Regeln wir uns wofür in welcher Höhe belohnen. Mit der Schriftform und unseren Unterschriften verpflichten wir uns, sie einzuhalten. Wir binden uns an unsere Zusagen, und jedes Familienmitglied kann darauf verweisen. Wir vermeiden durch unsere Belohnungsverträge Diskussionen über das Ob oder die Höhe der Belohnungen.

Was schreibe ich nun genau in die Bücher, die in meinen Dosen liegen? Schauen wir doch einmal in den Reisekoffer. So sieht die erste Seite in dem Reisekoffer-Buch aus:

Für meine Weltreise bei Beendigung meiner Arbeit im Wert von 200.000 Euro

Das bedeutet für mich Lebensfreude pur. Im Januar 2018 bin ich gestartet und habe den Zielbetrag von 200.000 Euro oben auf die rechte Seite geschrieben. In den folgenden Monaten habe ich nach dem eben beschriebenen Verteilschlüssel Geld aus den genannten Quellen in das Buch geschrieben und auf des Konto gezahlt. Und deshalb sieht die zweite Seite in dem Reisekoffer-Buch so aus:

Start und Ziel	Januar 2018	Quelle	200.000,00 €
	Januar 2018	Bareinlage wegen Verzicht auf ein neues Rad	780,00 €
	Januar 2018	Sondereinnahmen	1.086,68 €
	Februar 2018	Bonifikationszuschuss	1.233,28 €
	März 2018	Vermittlungseinnahmen AP	562,19 €
	April 2018	Leben Sonderboni	783,44 €
	Mai 2018	LV-AP	388,08 €
	Mai 2018	Sondervergütungen – kein Neukauf	148,40 €
Noch ansparen			195.017,73 €

Den Saldo der Vorseite übertrage ich dann immer auf die nächste Seite und fahre fort wie dargestellt. Dieses Verfahren hat für mich den unschätzbaren Vorteil, dass ich mir den Fortschritt meines persönlichen Belohnsystems jederzeit vor Augen führen kann. Eine Summe auf irgendeinem Konto ist dagegen viel zu abstrakt. Bei mir löst sie einfach nicht dieselben Gefühle aus – und die sind wichtig, damit es funktioniert. Ich fühle mich gut, bin stolz auf das, was ich schaffe, und kann meine Erfolge bei allen finanziellen Zielen ganz konkret sehen. Und ich bleibe bei der Stange!

Selbst, wenn ich im Augenblick die Dosen selbst gar nicht öffne, vermittelt mir der Blick auf den Brotkasten auf meinem Schreibtisch sofort wieder das gute Gefühl, mich für ein schönes Ziel selbst zu belohnen.

Die Dosen sind meine Visualisierung, meine tägliche Erinnerung. Außerdem sind sie herrlich bunt und stimmen mich fröhlich – und das verstärkt meine positive Haltung. Sie sind eine für mich hilfreiche Lösung.

Auch, wenn du andere Lösungen vorziehst: Sich auf diese oder ähnliche Art und Weise zu belohnen, ist eine gute Idee, weil du dir selbst immer zeigst, dass du mehr als nur ein finanzielles Ziel verfolgst.

Entscheidend bei meinem persönlichen Belohnsystem sind folgende Dinge:

- Benenn und beziffere klare Ziele, für die du dich belohnen willst.
- Leg deinen Verteilschlüssel für diese Ziele fest.
- Belohn in jedem Monat aus deinen regelmäßigen Einnahmen immer zuerst dich selbst.
- Schau, ob du weitere (außergewöhnliche) Einnahmen hast, die du ebenfalls in die Belohnungen einfließen lassen kannst.
- Zahl die so bezifferten Beträge auf das nur dafür vorgesehene Konto ein. Verbindlich, ohne Ausnahmen und sofort.
- Schreib dir bei jedem deiner Ziele den monatlichen Fortschritt auf.

Wie werden deine Belohnungen größer?

Wie groß die einzelnen Beträge ausfallen, hängt von individuellen Umständen ab. Prüfe, ob du deine Einnahmen nicht verbessern kannst.[35] Ein besser bezahlter Job, eine qualifiziertere Position, der Wechsel in die Selbstständigkeit oder Einnahmen aus Vermietung und Verpachtung – wenn du es positiv visualisieren und zu deinem Ziel machen kannst, kannst du es auch erreichen.

Ich möchte dir mit diesem Buch keine konkreten Anlageformen empfehlen. Dazu findest du an anderer Stelle vieles, was die Lektüre lohnt. Oder dein Mentor oder deine Interessengruppe verfügt dazu über wertvolle Informationen, von denen du profitieren kannst. Mein Ziel ist es vielmehr, dir noch einmal den Wert und die Bedeutung des positiven Denkens für deinen konkreten Wohlstand vor Augen zu führen.

Nehmen wir an, du lebst momentan in durchschnittlichen Verhältnissen, schwimmst nicht in Geld und hast bisher keine weitergehenden Erfahrungen mit größeren Investitionen gesammelt. Nun wirst du mit der Möglichkeit konfrontiert, ein Vierfamilienhaus zu erwerben und die Wohnungen zu vermieten. Die Idee ist es, mit den Mieteinnahmen die Schulden zu tilgen, um im Rentenalter die Einnahmen aus einer schuldenfreien Immobilie zu verzehren. Meine Erfahrung ist: Mit einem *negativen Denken* verharrst du genau dort, wo du heute schon bist, und erschließt dir keine neuen Möglichkeiten, dazu ein Beispiel:

- Dein Gedanke ist: Wer soll mir das Geld für ein Vierfamilienhaus geben?
- Deine daraus resultierende Entscheidung: Ich kann das nicht mit der Vermietung, denn ich habe keine Ahnung.
- Dein Verhalten: Ich mache das nicht. Das ist mir finanziell zu riskant.
- Deine Erfahrung: Ich kaufe keine Immobilie zur Vermietung.
- Dein Gefühl: Ich bin froh, mich nicht verschuldet zu haben.
- Dein Lebensgefühl: Ich bin schuldenfrei.
- Dein finanzielles Ergebnis: Ich bin im Alter finanziell nicht frei.

Mit *positivem Denken* kann das Ganze hingegen so aussehen:

- Dein Gedanke ist: Wie kann die Finanzierung für das Vierfamilienhaus aussehen?
- Deine daraus resultierende Entscheidung: Ich spreche mit meinem Mentor/Berater über das Vorgehen.
- Dein Verhalten: Ich berechne meinen Finanzierungsplan.
- Deine Erfahrung: Ich kaufe diese Immobilie zur Vermietung.
- Dein Gefühl: Ich bin Eigentümer von vier Mietwohnungen.
- Dein Lebensgefühl: Ich bin verschuldet und sehe, dass meine Mieteinnahmen die Schulden tilgen und meine Immobilie schuldenfrei werden lassen.
- Dein finanzielles Ergebnis: Ich habe im Alter die vier Kaltmieten als monatliche Einnahmen und bin dadurch finanziell freier.

Was wir für das Immobilien-Beispiel angeschaut haben, kannst du genauso für andere Anlageformen durchspielen: etwa für den Kauf eines Einfamilienhauses, in dem du selbst leben möchtest, für die Investition in Rentenversicherungen oder für den Kauf von Bitcoins.

Deine Entscheidung wird sicherlich nicht in jedem Fall FÜR die Option ausgehen. Wichtig aber ist, dass du dir Gelegenheiten, die sich bieten, wirklich anschaust und ernsthaft prüfst. Und zwar mit der Haltung, dass du es dir zutraust und grundsätzlich für möglich hältst, sie zu deinem Vorteil zu ergreifen.

Unabhängig davon, wie deine jeweilige Entscheidung ausfällt, wirst du mehr Zufriedenheit spüren, wenn du dir vertraust und auch neue Schritte zutraust. Du wirst neue Seiten entwickeln und deine Stärken weiter ausbauen, was wesentlich zum Lebensglück beiträgt, ohne das selbst der größte Reichtum nichts oder wenig wert ist.

Bleibt die Frage: Was kannst du tun, wenn du vor einer schwierigen Entscheidung stehst und dich partout nicht für eine von zwei grundlegend verschiedenen Möglichkeiten entscheiden kannst? Mein Tipp lautet: Nimm eine Münze, einen Taler, einen Chip – mit zwei verschiedenen Seiten. Leg fest, welche Seite für welche Option steht. Und dann: Wirf die Münze – aber folge nicht der zufälligen Entscheidung, welche Seite oben liegt, sondern achte darauf, wie deine erste emotionale Reaktion auf das zufällige Ergebnis aussieht:

- Freut dich das Ergebnis – bist du froh, dass diese Seite obenauf liegt?
- Oder bist du enttäuscht, weil du dir insgeheim das andere Ergebnis gewünscht hast?

Egal, was die Münze dir zeigt – du weißt jetzt, was du möchtest. Das Nützliche an diesem Weg ist, dass er dich direkt mit einem Ergebnis deiner Entweder-oder-Entscheidung konfrontiert – vor allem mit deinem Gefühl dabei. Du weißt sofort, ob du es willst oder nicht. Ich selbst habe mithilfe dieser Methode Mitarbeitende eingestellt, mich von Kunden getrennt und finanzielle Entscheidungen getroffen.

Handle danach, was dein Gefühl dir sagt!

Die Reiseapotheke
für deinen längsten Urlaub

Je länger der Urlaub und je exotischer das Ziel, desto mehr Sorgfalt lohnt sich bei der Zusammenstellung der Reiseapotheke. Unser Ruhestand übertrifft hinsichtlich der Länge jeden unserer früheren Urlaube während der Arbeitsphase unseres Lebens bei Weitem. Und die Zukunft, in der er stattfindet, ist an Exotik nicht zu toppen. Wir wissen – vor allem, wenn es noch viele Jahre und Jahrzehnte bis zu seinem Beginn dauert – buchstäblich nicht, was uns erwartet.

Da hilft nur sorgfältige Planung und Vorbereitung, Eigeninitiative und die Motivation, tatsächlich zu beginnen und den Weg konsequent mit dem Ziel zu Ende zu gehen, ein komfortabel ausgestattetes Alter genießen zu können.

Du bist nun bei dem Punkt angelangt, genau das anzustreben. Du hast dir einen Traum erlaubt und das schöne Bild ausgemalt, das du dir täglich gern wieder vorlegst. Dein Unterbewusstsein ist auf erfolgreiche Umsetzung programmiert. Dein positives Denken erlaubt dir, Gelegenheiten vorurteilsfrei zu prüfen und für dich zu nutzen, wenn sie dich weiterbringen. Zudem solltest du nicht vergessen, eine Reiseapotheke zusammenzustellen: Denn niemand möchte die schönsten Wochen im Jahr krank im Hotelbett zubringen. Wenn eine herkömmliche Urlaubsreise ansteht, stellen routinierte Reisende sich frühzeitig eine für das Ziel geeignete Reiseapotheke zusammen, erkundigen sich nach notwendigen Impfungen und schließen sinnvolle Versicherungen ab.

Eine solche Reiseapotheke und die anderen Vorkehrungen sind konkrete Vorsorge für einen unbeschwerten Urlaub. So kann man sich ungetrübter Freude auf den Urlaub hingeben.

Ähnlich wie beim Urlaub solltest du es mit der Vorbereitung deines längsten Urlaubs halten. Nur viel gründlicher. Denn wir reden schließlich über rund 20 Jahre, in denen so allerlei passieren kann.

Die folgenden Punkte sind die aus meiner Sicht wichtigsten, die du für deinen Ruhestand geklärt haben solltest:

- *Genügend Geld:* Regelmäßige feste Einnahmen, die dir ein finanziell sorgenfreies Leben ermöglichen.
- *Solide Absicherung von echten Risiken:* Überleg, was dir im Alter geschehen kann und was du dann tun willst, um damit so gut wie möglich zurechtzukommen. Inwieweit klug gewählte Versicherungen dazu beitragen können, werde ich im nächsten Kapitel erläutern.
- *Funktionierende Versorgungs-, Pflege- und Gesundheitsstrukturen:* Im Alter gelten meist etwas andere Spielregeln als in der Jugend, wenn es um deine Gesundheit geht. Es ist wichtig, dass du im Krankheitsfall jederzeit auf zuverlässige Strukturen zurückgreifen kannst: Ärzte, Kliniken und Krankenhäuser, Therapie- und Reha-Angebote, Apotheken und Ähnliches sollten in deinem Umfeld erreichbar sein. Den eigenen Alltag zu managen, kann im hohen Alter zur echten Herausforderung werden. Wie schaffst du deinen Einkauf, deinen Hausputz und alles andere, was zu deinem Leben gehört?
- *Soziales Umfeld, das Anteil an deiner Verfassung nimmt:* Der Mensch ist ein soziales Wesen und benötigt letztlich andere Menschen, um sein Leben bestreiten zu können. Ich selbst bin von Ehe und Familie als Lebensform überzeugt. Auch Freunde und Verwandte, Nachbarn und Bekannte gehören für mich zu einem erfüllten Leben dazu. Es macht mich glücklich und eröffnet mir den Zugang zu vielen Dingen, die ich allein und nur aus eigener Kraft nicht erreichen könnte. Im höheren Alter, wenn deine Mobilität nachlässt und du vielleicht bei vielem Hilfe benötigst, wird es von unschätzbarem Wert sein, wenn es Menschen gibt, die sich um dich kümmern.
- *Lösungen für alle Fälle (Vollmachten und Testament):* Vielleicht ist dir der Gedanke an deine eigene Endlichkeit unangenehm und du möchtest dich nicht damit befassen. Leider lässt sie sich nicht ausklammern und sollte darum keinesfalls verdrängt werden. Auch der längste Urlaub deines Lebens wird eines Tages enden. Wenn du ihn in den Blick nimmst, gehört es dazu, dieses

Urlaubsende mit einzuplanen. Verfüge über dich, deine Betreuung, deine Bestattung und dein Erbe, wie es dir richtig erscheint. Hol dir Rat ein. Befrag Menschen, denen du vertraust. Recherchier. Es gibt viele Quellen, die du auch kostenlos nutzen kannst.

Sobald du diese Fragen für dich und deine Liebsten klar und befriedigend beantwortet hast, ist dein Ruhestand wirklich optimal vorbereitet.

Sicher auf der Anreise zu deinem längsten Urlaub

Irgendwann wirst du dein Arbeitsleben beenden. Wie sieht es mit deinem Weg bis dahin aus? Wir haben gesehen, wie es dich an dein Ziel bringt, wenn du deinem positiven Bild vom längsten Urlaub vertraust und dich selbst konsequent belohnst. Wenn alles so funktioniert, wie nun geplant – super! Aber …

Wir können uns nicht gegen alle Wechselfälle des Lebens wappnen (und versichern). Und müssen das auch gar nicht. Mit vielem werden wir nämlich aus der Situation heraus fertig. Es gibt aber einige Dinge, die dir einen grundsätzlichen Strich durch dein persönliches Konzept machen können. Dazu eine Geschichte aus meinem Versicherungsalltag:

Der Inhaber eines Unternehmens mit 60 Mitarbeitenden hatte einen schweren Unfall. Er überprüfte einen Reifen mit acht Bar auf Dichtigkeit, der flog in die Luft, prallte von der Hallendecke ab und traf ihn am Kopf. Er kam sofort ins Krankenhaus und es begann eine lange Behandlung. Neben der menschlichen Sorge um den Ehemann, Vater und Arbeitgeber stellten sich Sorgen um den wirtschaftlichen Fortbestand des Unternehmens ein.

Ich war in der Folgewoche vor Ort und habe mich darum gekümmert, den Einkommensverlust aufzufangen. Mit den vorhandenen Absicherungen gab es auskömmliche monatliche Berufsunfähigkeitsrenten und eine Unfallsumme von 250.000 Euro. Damit war der wirtschaftliche Fortbestand der Firma für die Dauer von Krankenhausbehandlung und Reha gesichert. Bei eingeschränkter Gesundheit kann der Unternehmer heute wieder arbeiten. Sein Unternehmen ist stabil durch die schwierige Zeit gekommen.

Wie gesagt, nicht alles können und sollten wir per Versicherung abfangen wollen. Aber für einiges solltest du einen Plan B haben, etwa für den Fall, dass dir etwas passiert, das deine Kalkulation vollkommen über den Haufen wirft. Lass uns deshalb einen Blick auf die Risiken werfen, die deine gut vorbereiteten Pläne stören oder zunichtemachen könnten. Als Versicherungskaufmann habe ich tagtäglich damit zu tun, spreche mit Menschen über alles, was ihnen widerfahren kann, und helfe ihnen, echte Risiken von persönlichen Ängsten zu unterscheiden.

Dein längster Urlaub wird ungefähr 20 herrliche Jahre dauern. Die Anreise dahin – also dein Arbeitsleben – dauert vermutlich noch sehr viel länger. Das sind Jahre oder Jahrzehnte, in denen sehr viel passieren kann, wovon du jetzt noch gar nichts ahnst. Dir ist jetzt klar, dass du ein schönes sorgenfreies Leben im Ruhestand führen möchtest. Und du weißt auch, wie du dieses Ziel erreichen willst. Ganz wichtig dabei ist, durchzuhalten und nicht vom eingeschlagenen Weg der Vermögensbildung abzuweichen. Wenn du das verstanden hast, dann ist dir sicherlich auch klar, dass du Stolpersteine auf dem Weg zu deinem Ziel einkalkulieren und möglichst unschädlich machen musst, damit nicht durch Zufälle, Unfälle, Krankheiten oder irgendein anderes schwerwiegendes Missgeschick deine langfristigen Ziele infrage gestellt werden.

Du brauchst also auch eine Reiseapotheke, eine Reiserücktritts- und eine Auslandskrankenversicherung für dein Berufsleben. Was gehört in diese Reiseapotheke hinein? Gleichgültig, wie du dein Leben jetzt und später einrichten willst, solltest du dir fünf Stolpersteine genau anschauen:

Fünf Stolpersteine: Krankheit, Erwerbs-/Berufsunfähigkeit, Unfallfolgen, Pflegebedürftigkeit und Tod.

Stolperstein 1: Eine sehr lange schwere Krankheit

Wichtig ist das *Krankengeld*. Wenn du länger als sechs Wochen krank bist, wird das Geld knapper. Frag dich, ob du mit den reduzierten Beträgen dein Leben weiterhin sorgenfrei bestreiten kannst. Wenn nicht, sorg dafür, dass du dennoch in jedem Monat dein Netto bekommst.

In Deutschland gibt es für gesetzlich krankenversicherte Arbeitnehmer das Krankengeld. Bist du länger krank, zahlt zunächst dein Arbeitgeber dein Gehalt sechs Wochen lang fort. Danach springt die Krankenkasse mit einer Ersatzleistung ein: Gezahlt werden 70 Prozent des regelmäßigen Bruttolohns und maximal 90 Prozent des Nettolohns. Also weniger als das, was du ansonsten im Monat zur Verfügung hast. Das Krankengeld selbst ist steuerfrei, erhöht aber dein zu versteuerndes Einkommen. Das heißt Progressionsvorbehalt. Und Achtung: Das Krankengeld ist sozialversicherungspflichtig: Renten-, Pflege- und Arbeitslosenversicherung sind darauf zu entrichten.

Als Daumenwert kannst du dir merken, dass du wahrscheinlich mit dem Krankengeld ungefähr 20 Prozent unter der Lohnfortzahlung liegen wirst. Die Obergrenze für die Berechnung deines Krankengeldes ist bei ungefähr 5.000 Euro erreicht – wer deutlich mehr verdient, muss eine entsprechend größere Lücke verkraften.

Wenn du sehr lange Zeit an derselben Krankheit leidest und deswegen arbeitsunfähig bist, fließt das Krankengeld maximal 78 Wochen innerhalb von drei Jahren. Und dann?

Übrigens: Deine Familienangehörigen, die bei dir mit krankenversichert sind, haben keinen Anspruch auf Krankengeld. Wenn sie eigene Einkommen absichern möchten, müssen sie privat vorsorgen – genauso wie privat Krankenversicherte und Selbstständige.

Kommen wir zum *Krankentagegeld*: Privat Krankenversicherte haben diesen Versicherungsschutz nicht, sondern schließen eine eigene Versicherung ab, um im langwierigen Krankheitsfall Krankentagegeld zu erhalten. Das kannst du als gesetzlich Versicherter oder als Selbstständiger ebenfalls machen. Du vereinbarst mit dem Versicherer den Zeitpunkt für den Start der Leistungen – für Arbeitnehmer zum Beispiel sechs Wochen, für Selbstständige früher oder später. Außerdem vereinbarst du einen festen Eurobetrag pro Leistungstag. Ob das 10, 50 oder lieber 100 Euro sind, solltest du von deinen regelmäßigen Ausgaben abhängig machen. Diese Leistung ist steuerfrei und wirkt sich auch nicht auf dein zu versteuerndes Einkommen aus. Sie steht nicht unter dem Progressionsvorbehalt.

Allerdings zahlst du damit auch nicht in die Sozialversicherungssysteme ein. Idealerweise ergänzt das Krankentagegeld deinen Krankengeldanspruch so, dass du keine finanzielle Einbuße erlebst. Schließlich ist es übel genug, so lange krank zu sein. Da stören Geldsorgen beim Gesundwerden nur.

Ob Krankengeld oder Krankentagegeld: Leistungen bekommst du nur, wenn du in den geforderten Abständen – und zwar pünktlich und ohne zeitliche Unterbrechung – Krankmeldungen vom Arzt vorlegst. Die Krankschreibung muss auch Wochenenden berücksichtigen.

Je knapper deine regelmäßigen Einnahmen verplant sind,
desto eher benötigst du eine private Ergänzung.

Stolperstein 2: Nichts geht mehr in deinem Job – Erwerbs- und Berufsunfähigkeit

Erwerbsunfähigkeit bedeutet, dass du eine reduzierte Leistungsfähigkeit hast, um Einkommen durch deine Arbeitskraft zu erzielen. »Reduzierte Leistungsfähigkeit« – das ist der Begriff, mit dem die gesetzliche Absicherung des Deutschen Rentenversicherers arbeitet. Die Deutsche Rentenversicherung hat ermittelt, dass jährlich ungefähr 200.000 Arbeitnehmer wegen verminderter Erwerbsfähigkeit vorzeitig aus dem Berufsleben ausscheiden. Die Ursachen:

- 43 Prozent psychische Erkrankungen
- 13 Prozent Erkrankungen des Bewegungsapparates
- 13 Prozent bösartige Tumore
- 9 Prozent Kreislaufbeschwerden
- 7 Prozent Nervenerkrankungen
- 15 Prozent sonstige Beschwerden

Wer aus gesundheitlichen Gründen weniger als sechs Stunden am Tag arbeitsfähig ist – egal, in welcher Tätigkeit –, hat Anspruch auf eine gesetzliche Erwerbsminderungsrente. Deren Höhe hängt ab vom Grad deiner restlichen Leistungsfähigkeit: Kann der Versicherte weniger als drei Stunden täglich arbeiten, erhält er die volle Rente. Kann er drei bis sechs Stunden täglich arbeiten, erhält er die halbe Rente.

Die Rentenzahlung ist an weitere Voraussetzungen gebunden: Zum einen musst du mindestens fünf Jahre lang vor Eintritt der Erwerbsminderung in der Deutschen Rentenversicherung versichert gewesen sein. Zum anderen musst du in den letzten fünf Jahren vor Eintritt der Erwerbsminderung mindestens drei Jahre Pflichtbeiträge an die Rentenversicherung gezahlt haben, zum Beispiel während einer versicherten Beschäftigung. Das macht deutlich, wie wichtig es gerade für junge

Menschen ist, sich über die private Absicherung ihrer Berufsunfähigkeit zu informieren.

Du hast in den ersten Berufsjahren keinen Anspruch und erhältst damit auch keine lebenslangen Leistungen. Die gesetzliche Absicherung hat ein paar weitere Haken:

- Personen, die berufsunfähig sind, werden entgegen der gängigen Meinung nicht automatisch erwerbsunfähig. Beschäftigte gelten nur dann als erwerbsunfähig, wenn sie aufgrund einer geistigen oder körperlichen Beeinträchtigung gar nicht mehr oder nur stark eingeschränkt am Berufsleben teilnehmen können.
- Die gesetzlichen Leistungen werden nicht auf deinen Beruf abgestimmt. Vielmehr wird geprüft, ob du noch irgendeine Tätigkeit beruflich ausüben kannst. Der Gesetzgeber muss dir aber keine Arbeitsstelle nachweisen oder beschaffen. Du musst dich selbst darum bemühen. Wenn zum Beispiel ein Bäcker gegen Mehl allergisch wird, kann er seine bisherige Tätigkeit nicht mehr ausüben. Er gilt somit als berufsunfähig (als Bäcker). Er kann aber noch in einem anderen Beruf arbeiten, in dem er nicht mit Mehl in Berührung kommt.

Wen es trifft, der bekommt als gesetzlich Versicherter eine Rente wegen Erwerbsminderung – die erreichte Höhe steht jeweils auf deinem Rentenbescheid. Je früher dich der Schicksalsschlag ereilt, desto schlechter bist du auf diesem Weg abgesichert. Die gesetzliche Versorgung ist mager. Im Durchschnitt lagen diese Renten in Deutschland bei 700 Euro im Monat bei voller Erwerbsminderung und bei 350 Euro im Monat bei teilweiser Erwerbsminderung. Davon kann niemand leben. Rund zwei Millionen Deutsche beziehen eine solche Rente aber schon heute.

Obwohl mit der Erwerbsfähigkeit das gesamte Lebenskonzept steht oder fällt, ist das Risiko den wenigsten Deutschen bewusst. Wenn du heute Ende 20 oder Anfang 30 bist, beziffert sich der Wert deiner weiteren Arbeitskraft bis zum Renteneintritt – je nach Verdienst – auf über eine Million Euro. Diese Million fehlt dir, wenn du arbeitsunfähig wirst. Und wenn du nicht vorgesorgt hast, kommt es auch nicht von anderer Seite. Rechne einmal den Wert deiner lebenslangen Arbeitskraft aus:

- Dein aktuelles Jahres-Brutto: _____
- Monats-Brutto mal 12 plus eventuelle Sonderzahlungen

- Dein zukünftiges Lebenszeit-Brutto: _____
- Anzahl der Lebensjahre von heute bis zum Renteneintritt mal aktuelles Jahres-Brutto

Tolle Zahl, oder? Und bedenke, dass auch noch realistische Gehaltssteigerungen dazu kommen werden!

Wenn du den Risiken einer Erwerbsunfähigkeit mit einer Versicherung vorbeugen willst, wird das Jahres-Netto als Höchstabsicherung zugrunde gelegt. Du errechnest es entsprechend wie das Jahres-Brutto.

Den richtigen Versicherungsumfang zu definieren, ist eine Gratwanderung. Wenn du den größten Teil deiner Einkünfte gar nicht zum Leben benötigst, dann brauchst du gar keinen Einkommensschutz, kannst ihn dir aber mühelos leisten. Wenn du klamm bist, benötigst du die Absicherung dringend, hast aber das Geld dafür nicht über. Darum meine dringende Empfehlung: Sprich offen mit deinem Mentor. Lass dir Vorschläge unterbreiten.

Weiter geht es mit der Berufsunfähigkeit: Darunter versteht der private Versicherer, dass du deinen bisherigen Beruf voraussichtlich länger als sechs Monate wegen psychischer oder körperlicher Krankheit, wegen eines Unfalls oder Invalidität nicht mehr ausüben kannst. Beurteilt nach medizinischen Kriterien, ist deine Leistungsfähigkeit um 50 Prozent oder mehr reduziert. Eine andere Tätigkeit ist aber noch möglich.

Wenn du dich privat gegen Berufsunfähigkeit versicherst, schließt du mit dem Versicherer eine Wette darüber ab, ob du im Verlauf deines Arbeitslebens eine gesundheitliche Einschränkung von 50 Prozent und mehr erleiden wirst. Tritt das ein, zahlt dir die Versicherung für die Dauer der von dir vereinbarten Laufzeit des Vertrages die vereinbarte monatliche Rente.

Sorg entweder für den Notfall vor, damit dein Einkommen auch dann sicher ist, oder vertrau darauf, dass gesundheitliche Beeinträchtigungen in diesem Umfang dein Einkommen nicht gefährden werden.

Was kannst du dafür tun? Stell dir vor, du besitzt eine Gans, die dir jeden Tag ein schönes goldenes Ei legt. Oder einen Dukatenesel, der dir jeden Tag einen netten Haufen goldener Dukaten liefert. Mit dem Gold gehst du zur Bank, legst es an, belohnst dich und bezahlst, was dich dein Leben kostet. Wie würdest du mit deinem wertvollen Haustier umgehen?

Dürfte es rauchen? Dürfte es den ganzen Tag auf der faulen Haut liegen und sich nicht rühren? Sich schlecht ernähren? Fett werden? Sich beliebigen Risiken aussetzen? Würdest du es in ungesunden Wohnverhältnissen halten, die es krank machen können?

Vermutlich nicht.

Wenn du dein Arbeitsleben und das enorme Kapital betrachtest, das deine ungeschmälerte Arbeitskraft für dich darstellt, dann bist du selbst deine Gans, die goldene Eier legt, oder dein Dukatenesel. Was tust du zum Schutz deiner Gesundheit, der Basis deiner Arbeitskraft?

Die wenigsten Menschen machen sich klar, welche Verantwortung sie für sich tragen. Die Wahrscheinlichkeit, berufsunfähig zu werden, ist ziemlich hoch. Etwa 25 Prozent werden im Laufe ihres Berufslebens mindestens einmal berufsunfähig. Das heißt, sie können zumindest vorübergehend den bisherigen Beruf nicht mehr ausüben und müssen sich eventuell neu orientieren.

Wie viele Alternativen hast du im Gepäck? Kannst du sofort einen anderen Beruf ergreifen, der ebenso viel Einkommen bringt wie der bisherige?

Auch und gerade dann, wenn du mit neuen gesundheitlichen Einschränkungen zurechtkommen musst, kostet dein Leben weiterhin Geld. Einbußen in dieser Größenordnung kannst du mit Sparen nicht vorbeugen. Zumal du deine Kasse für den längsten Urlaub deines Lebens nicht antasten willst.

Hättest du eine Gelddruckmaschine im Keller stehen, die dir jeden Tag 200 Euro ausspuckt, dann würdest du sie bestimmt gegen Ausfälle aller Art versichern. Du weißt schließlich: Maschinen können kaputt gehen, halten nicht ewig, bleiben wegen Stromausfall stehen oder, oder, oder …

Ist dir wirklich klar, dass du mit deiner ungesunden Lebensweise ständig die unersetzliche Grundlage für deine gesamte Lebensplanung angreifst?

Wenn dir das einleuchtet, solltest du deine Arbeitskraft ebenso bewerten und absichern. Eine Versicherung bei Berufsunfähigkeit ist wie ein Einkommensschutzbrief. Wenn deine Anreise in den längsten Urlaub deines Lebens unterbrochen wird, finanziert dein Versicherer deren Fortsetzung.

Du weißt nicht, was dein Leben an unerfreulichen Überraschungen für dich bereithält. Sorg dafür vor, dass du nicht durch eine Erkrankung oder einen Unfall zum Sozialfall wirst, der seine Rücklagen für das Alter fast vollständig auflösen muss, bevor der Staat einspringt.

Stolperstein 3: Und plötzlich ist alles anders – Unfallfolgen

Ein Unglück kommt selten allein, sagt der Volksmund. Stell dir vor, du hast einen schweren Unfall, der dich berufsunfähig macht. Zudem kann dich der Unfall auch wirtschaftlich schnell aus der Bahn werfen. Ein Unfall ist immer unvorhergesehen, er kann jederzeit passieren und dein ganzes bisheriges Leben beenden.

Willst du dich vor den wirtschaftlichen Folgen eines Unfalls schützen, ist es wichtig, die Absicherung so zu bemessen, dass sie eine wirklich Hilfe darstellt. Das ist der Sinn und Zweck einer guten Unfallversicherung: Der Versicherer stellt dir im Versicherungsfall die finanziellen Mittel zur Verfügung, damit du dich gut auf deine neuen Beeinträchtigungen einstellen kannst.

Sorg für dich selbst (und deine wirtschaftlich von dir abhängigen Angehörigen) vor, damit du auch im Falle eines Unfalls immer auf eigene Sicherheiten zurückgreifen kannst.

Der gesetzliche Unfallschutz, den der Arbeitgeber für dich als Angestellten bezahlt, versichert nur Unfälle während deiner beruflichen Tätigkeit und auf dem Weg zur und von der Arbeit. Knapp zwei Drittel des Tages bist du also ohne Unfallversicherungsschutz. Und deine (nicht erwerbstätigen) Angehörigen sowieso:

- 70 Prozent der Unfälle von Erwerbstätigen passieren in der Freizeit und sind nicht versichert.
- 80 Prozent der Unfälle von Kindern und Jugendlichen passieren in der Freizeit und sind nicht versichert.
- 100 Prozent aller Unfälle von Hausfrauen/-männern, Säuglingen und Rentnern/-innen sind nicht versichert.

Wir haben heute so viele Möglichkeiten, unsere Freizeit zu genießen. Freunde und Familie treffen, Sport treiben, reisen oder einfach in die Natur hinausgehen. Leider birgt manches davon ein erhöhtes Unfallrisiko. Statistisch gesehen sind dem besonders aktive junge Menschen ausgesetzt. Die Spitzenreiter sind:

- Unfälle bei Sport und Spiel: 40 Prozent
- Unfälle im Haushalt: 33 Prozent
- Unfälle bei der Arbeit, in der Schule: 24 Prozent
- Verkehrsunfälle: 3 Prozent

Verkehrs-
unfälle:
3 %

Unfälle
bei der
Arbeit,
in der Schule:
24 %

Unfälle bei Sport
und Spiel:
40 %

Unfälle
im Haushalt:
33 %

Unfallursachen

Nicht jeder Unfall endet gleich im Rollstuhl oder beendet dein Arbeitsleben für immer. Aber auch die Zeit der Genesung muss abgefedert werden. Vielleicht gibt es ein spezialisiertes Krankenhaus, das dir besonders gut helfen könnte? Eventuell möchtest du spezielle Reha-Maßnahmen nutzen, um schneller vollständig zu genesen.

Vielleicht benötigst du Hilfen im Haushalt, weil du zu Hause versorgt werden möchtest, aber allein lebst und vorübergehend vieles nicht mehr leisten kannst. Vielleicht muss deine Wohnung umgebaut werden, damit du deinen Alltag wieder selbstbestimmt meistern kannst? Oder ist künftig unterstützende Pflege notwendig?

Möglicherweise steht plötzlich das Thema »Rente« auf der Agenda, falls durch den Unfall dein Arbeitsleben doch vorzeitig beendet wird. Du musst dann mit einer fatalen Kombination aus enormen Kosten und erheblichen Einkommenseinbußen rechnen. Willst und kannst du das aus den Rücklagen für dich und deine Familie bezahlen? Und was wird dann aus dem längsten Urlaub deines Lebens? Übrigens: Selbst dann, wenn es ganz schlimm kommt und ein Unfall tödlich endet, leistet eine entsprechend abgeschlossene Unfallversicherung im vereinbarten Rahmen. Darum: Denk an das, was ich zur Berufs- und Erwerbsunfähigkeit gesagt habe.

Stolperstein 4: Wenn du allein nicht mehr zurechtkommst – Pflegebedürftigkeit

Vor einiger Zeit habe ich im Flugzeug einen Zeitungsartikel gelesen, in dem der Vorstand der Allianz Versicherung mit einer unglaublichen Zahl zitiert wurde: 23 Millionen Deutsche haben einen Pflegefall in der Familie! Ich habe mich sofort gefragt: Ob die alle dafür vorgesorgt haben? Wie haben die das für sich und ihre Familien geregelt? Vermutlich will doch kaum jemand, den es betrifft, dabei seine Immobilie belasten oder seiner Familie auf der Tasche liegen. Wir reden von 2.000 bis zu 4.000 Euro Zuzahlungen im Monat. Wenn du das aus deinen laufenden Renten oder als Ehepaar aus den laufenden Renten leisten kannst, brauchst du nicht zu handeln. Ansonsten jedoch kann es problematisch für dich und deine Angehörigen werden.

Nicht ob, sondern nur wann und wie lange – das ist für die meisten Menschen die Antwort auf die Frage nach ihrer zukünftigen Pflegebedürftigkeit. Ob man nun durch Krankheit oder Unfall frühzeitig zum Pflegefall wird oder im Alter nicht mehr allein zurechtkommt: Pflege wird für fast jeden von uns zum Thema. Und es wird teuer: Kein anderer Lebensabschnitt ist im statistischen Durchschnitt so teuer wie die beiden letzten Lebensjahre eines Menschen, der auf intensive medizinische und pflegerische Betreuung angewiesen ist. Darauf kann und sollte man sich finanziell vorbereiten. Sonst wird man zum Sozialfall und vom Staat und den Regelungen des Sozialgesetzbuches abhängig.

Die monatlichen Kosten für die Rundumversorgung in einer Altenpflegeeinrichtung setzen sich aus Pflege, Unterkunft und Verpflegung sowie Investitionskosten zusammen. Besondere Leistungen der Einrichtung können den Satz verteuern. Trotz eines anerkannten Pflegegrades, der einen Zuschuss aus der Pflegeversicherung bringt, kommen monatlich schnell um die 2.000 Euro Eigenbeteiligung auf den Pflegebedürftigen und seine Familie zu. Es kann mehr werden, wenn zum Beispiel besonderer Aufwand in der Betreuung notwendig ist. In die Pflegeversicherung als Pflichtversicherung zahlen neben gesetzlich Pflichtversicherten auch freiwillig gesetzlich und privat Versicherte ein. Die Pflegepflichtversicherung trägt nur einen Teil der monatlich anfallenden Kosten. Dieser Zuschuss hängt vom Pflegegrad ab, der über einen Dienst der Krankenkassen festgestellt und überprüft wird. Der Leistungsumfang ist für alle identisch.

Wer keine üppige Rente bezieht, keine Immobilien besitzt und kein Vermögen hat, für den springt der Staat ein. Aber: Der Staat holt sich das Geld nach Möglichkeit von den Verwandten ersten Grades zurück. Wenn das Einkommen deiner Kinder über 100.000 Euro im Jahr beträgt, müssen sie für dich zahlen.[36] Sind deine Kinder auf eine solche Zusatzbelastung wirtschaftlich eingestellt? Was bedeutet es für ihre eigenen finanziellen Verpflichtungen? Wie wirkt sich das auf ihre Motivation aus, an der eigenen Karriere und der nächsten Gehaltserhöhung zu arbeiten?

Wenn du als Pflegebedürftiger auf Sozialhilfe angewiesen bist, um die hohen Kosten zu bezahlen, so erhältst du statt deiner Rente monatlich etwa 120 Euro Taschengeld und 20 Euro Bekleidungspauschale. Das ist alles, was dann von deinem persönlichen finanziellen Spielraum übrig bleibt.

Klingt nicht so verlockend, oder? Hinzu kommt, dass unser Staat auch in dieser Hinsicht in absehbarer Zeit an seine Grenzen stoßen wird:

- 1936 waren in Deutschland vier Menschen älter als 100 Jahre.
- 1963 waren schon 119 Personen älter als 100.
- 2021 waren 20.465 Menschen 100 Jahre oder älter.[37]

Es ist absehbar, dass mit steigender Lebenserwartung immer mehr Menschen sehr alt und damit länger auf Pflege angewiesen sein werden. Da die Renten sich parallel sehr ungünstig für die Angestellten entwickeln, wird von dieser wachsenden Zahl ein immer größerer Prozentsatz zum Sozialfall werden. Das wird unser Sozialsystem sehr fordern oder sogar überlasten.

Was denkst du gerade? Bist du überzeugt, dass so etwas immer nur den anderen passiert? Aber nicht dir? Dann schau dir die Hitliste der sieben populärsten Irrtümer an[38], wenn es um den Pflegefall geht:

- *Irrtum 1: Ich werde kein Pflegefall.* Die Statistik widerspricht dir. Ab dem 30. Lebensjahr wird jeder zweite Mann und drei von vier Frauen pflegebedürftig.
- *Irrtum 2: Ich muss erst gepflegt werden, wenn ich sehr, sehr alt bin.* Zwar steigt das Risiko mit jedem Jahr, aber Pflegebedürftigkeit ist keineswegs eine Frage des Alters. Auch Unfälle oder Krankheiten können dich pflegebedürftig werden lassen. Jeder sechste Pflegebedürftige ist heute jünger als 65 Jahre.
- *Irrtum 3: Ich werde nur kurze Zeit Pflege benötigen.* Die Wirklichkeit sieht häufig anders aus: Nicht selten ist man mehrere Jahre lang pflegebedürftig. Bei ambulanter Pflege (70 Prozent der Fälle) liegt der Durchschnitt bei 8,2 Jahren. Meist sind es die Frauen, die diesen unbezahlten Halbtags- bis Rund-um-die-Uhr-Job in der häuslichen Pflege übernehmen. Nicht selten mehr als zehn Jahre – und zulasten ihrer eigenen Absicherung für Alter und Pflegebedürftigkeit!
- *Irrtum 4: Meine Familie wird mich pflegen.* Und was ist, wenn du gar keine Kinder hast? Oder deine Kinder ihren Lebensmittelpunkt in eine große Entfernung verlegt haben? Wenn dein Lebenspartner selbst kaum noch zurechtkommt und mit deiner Pflege einfach überfordert ist? Abgesehen davon nimmt der Anteil der Singlehaushalte in Deutschland kontinuierlich zu. Die Wahrscheinlichkeit, niemanden zu haben, den man um diese aufopferungsvolle Hilfe bitten könnte, steigt von Jahr zu Jahr.

- *Irrtum 5: Die gesetzliche Pflegevorsorge reicht doch aus.* Nein, bei Weitem nicht. Die gesetzliche Pflegeversicherung ist zwar kompliziert und stellt den Bedürftigen vor hohe Hürden, aber sie ist allenfalls eine Teilkaskoversicherung. Je nach Pflegegrad fehlen durchschnittlich 450 bis 1.950 Euro im Monat, die privat zu finanzieren sind.
- *Irrtum 6: Die zusätzlichen Pflegekosten kann ich aus meiner Rente und meinem Vermögen bezahlen.* Vielleicht. Wenn du wohlhabend bist und niemand sonst von deinem Geld lebt. Die Fakten allerdings sehen anders aus: Jeder sechste deutsche Pflegebedürftige ist auf Sozialhilfe angewiesen. Wenn du dauerhaft auf stationäre Pflege angewiesen bist, dann summieren sich die Beträge, die du beibringen musst, schnell zu stattlichen Zahlen.
- *Irrtum 7: Ich habe doch eine zusätzliche Pflegeversicherung.* Dies ist dann ein Irrtum, wenn man die gesetzlich vorgeschriebene Pflegepflichtversicherung für eine Zusatzversicherung hält. Tatsächlich verwechseln ziemlich viele Menschen die beiden Versicherungsformen. Eine private Pflegezusatzversicherung, die vor extremen finanziellen Verlusten schützt, haben lediglich 3 Prozent der Bevölkerung.

Denk über eine private Pflegezusatzversicherung nach: Du entlastest damit deine Familie, sofern du eine hast. Und du machst es dir in diesem ohnehin schwierigen Lebensabschnitt leichter. Denn du bleibst unabhängig und selbstbestimmt, wenn du die Pflegekosten in voller Höhe abdecken kannst. Du schützt dein Eigentum, dein eigenes Haus oder dein Vermögen, das du vielleicht anderen zugedacht hast. Übrigens beteiligt sich der Staat mit bis zu 60 Euro pro Jahr an den Kosten für die private Pflegezusatzversicherung. Für junge Menschen, die niedrige Tarife vereinbaren können, mag das ein zusätzliches Argument dafür sein.

Und bedenk bitte: Es geht nicht um Geld allein. Neben der finanziellen Last bedeutet es für alle Angehörigen, die plötzlich irgendwie mit deiner Pflegebedürftigkeit zu tun haben, eine enorme emotionale Belastung und oft auch eine Überforderung, deine Dinge für dich zu regeln und für dich zu entscheiden, wenn du es nicht mehr kannst. Woher sollen sie wissen, wie du es haben möchtest, falls du es nicht mehr deutlich machen kannst? Ganz zu schweigen davon, wenn du alleinstehend bist.

Patienten-, Vorsorge- und Betreuungsvollmachten klären deinen Willen unmissverständlich. Schließ Verträge ab, die im Notfall greifen. Mach ein Testament – du kannst es im Laufe deines Lebens immer wieder den geänderten Umständen anpassen.

Stolperstein 5: Todesfall

Wir alle müssen sterben. Irgendwann. Wir wissen nur nicht wann und wie. Der Tod kann uns jeden Tag ereilen. Auch das wissen wir. Folglich müssten wir alle darauf jederzeit innerlich vorbereitet sein. Meiner Erfahrung nach denken und fühlen die meisten Menschen aber nicht so. Es ist ja auch kein besonders angenehmer Gedanke. Im Alltag mit seinen Routinen und Perspektiven scheint das eigene Leben unendlich zu sein. Mit den Konsequenzen, die der eigene Tod für die Hinterbliebenen bedeuten wird, beschäftigen sich entsprechend wenig Menschen.

Dabei kann es sich neben dem schmerzlichen menschlichen Verlust für deine Familie zur wirtschaftlichen Katastrophe entwickeln, wenn du für diesen Fall keine Vorsorge getroffen hast. Je früher im Leben der Schicksalsschlag eintritt, desto heftiger und langwieriger werden in diesem Fall die Auswirkungen für deine Liebsten sein: Was passiert mit eurem Haus, wenn du als Verdiener für immer ausfällst? Wenn deine Familie die Raten nicht mehr bedienen kann, wird sie versuchen, das Haus zu verkaufen, bevor es von der Bank zwangsversteigert wird. Auf jeden Fall sitzen deine Angehörigen auf der Straße und müssen schauen, wo sie nun unterkommen. Angesichts des hohen Mietniveaus in Deutschland ist das keine einfache Sache.

Wenn du alleinstehend und nur für dich selbst verantwortlich bist, sind Regelungen für den Todesfall weniger wichtig. Im Normalfall steht deinen Verbindlichkeiten ein Vermögen gegenüber, das zur Tilgung herangezogen werden kann. Der Wert deiner nicht abbezahlten Immobilie kann gegen das dafür aufgenommene Darlehen aufgerechnet werden.

Was aber, wenn du nicht nur an dich selbst denken musst? Wie soll es weitergehen, wenn du nicht mehr da bist? Schauen wir uns die verschiedenen Konstellationen an:

- *Du sorgst für einen Lebenspartner, Ehepartner oder Freund:*
  Wenn du mit deinem Vermögen für gemeinsame Verbindlichkeiten
  (Kredite, Konsumschulden, Darlehen, Leasinggrenzen) haftest,
  dann sollte bis zum jeweiligen Ende der Laufzeit der Verbindlichkeiten ein Todesfallschutz bestehen. Wenn dein Partner wirtschaftlich nicht in der Lage wäre, Zinsen und Tilgung zu übernehmen,
  musst du auf jeden Fall vorsorgen. Und falls ihr gemeinsam Verbindlichkeiten eingegangen seid, die einer allein nicht schultern
  kann, dann hilft eine Risikoversicherung für zwei verbundene
  Personen, die beim Tod des zuerst Sterbenden fällig wird und den
  Hinterbliebenen entlastet.

- *Du sorgst für deinen Lebenspartner und eure Kinder:* Die vor-
  genannten Punkte müssen hier natürlich auch berücksichtigt
  werden. Hinzu kommt, dass du genug für die Ausbildung eurer
  Kinder zurücklegen solltest. Die benötigten Summen hängen vom
  Alter und der angestrebten Ausbildung der Kinder ab. Zur Orien-
  tierung kannst du über einen Betrag von 50.000 Euro nachdenken.

- *Du sorgst für deine beruflichen Verbindlichkeiten vor:* Wenn du
  selbstständig bist, gehst du in der Regel Verbindlichkeiten für dein
  Unternehmen ein. Dispokredite oder Darlehen für die Einrichtung
  können angefallen sein. Möglicherweise stehst du als Gesellschaf-
  ter einer GmbH mit deiner Einlage in der Haftung. Mit einem
  speziellen Versicherungsschutz für den Todesfall kannst du diese
  Haftungsrisiken abfangen und von deinen Erben abwenden. Aus
  meiner beruflichen Praxis kann ich dir das nur empfehlen.

Ich hoffe, dass dir meine Hinweise helfen, die fünf Stolpersteine auf dem
Weg zu deinem längsten Urlaub aus dem Weg zu räumen.

Allein oder lieber mit Reisebüro, Reiseleiter und Mentor?

Wir haben jetzt einen Blick auf die fünf wichtigsten Themen geworfen, die dir auf deiner lebenslangen Anreise zum längsten Urlaub deines Lebens einen Strich durch die Rechnung machen können. Sie gar nicht zu bedenken und zu regeln, ist keine empfehlenswerte Option. Wie aber sollst du mit diesen schwerwiegenden Themen umgehen? Schließlich hängt eine Menge von deinen Entscheidungen ab. Und gewiss möchtest du Fehler vermeiden. Lass uns dafür wieder zu unserem hilfreichen Bild vom Jahresurlaub zurückkehren. Wie planst du deinen Urlaub heute? Recherchierst du im Internet? Fragst du Freunde und Verwandte? Gehst du ins Reisebüro? Liebst du Individualurlaub oder findest du Pauschalangebote so herrlich bequem, weil du dich selbst um nichts kümmern musst? Am liebsten mit einem freundlichen Reiseleiter, der dir während des Urlaubs für Fragen und die Lösung von Problemen zur Seite steht? Die Wünsche und Vorlieben sind völlig verschieden, wenn es um wirkliche Urlaubsreisen geht. Für jeden findet sich das Passende.

Ebenso sieht es mit der Planung deines längsten Urlaubs im Leben aus – und natürlich auch mit den Risiken der Anreise dorthin. Kannst du den Urlaub allein planen oder wäre dir Hilfe dabei willkommen?

Einsicht in die Notwendigkeit, den längsten Urlaub gut vorzubereiten, verhilft leider nicht unmittelbar zu einem detaillierten Wissen rund um Geldanlagen, Risiken und deren Absicherungen. Das Internet und die vielen Ratgeber am Markt können hilfreiche Wegweiser sein, die du kostenlos oder preiswert nutzen kannst. Wenn du daraus nicht schlau wirst, suche Hilfe!

Vielleicht aber stellt sich dir dein innerer Schweinehund immer wieder in den Weg? Wenn du zweifelst, deine Strategie infrage stellst und dein Portfolio immer wieder anfasst und umschichtest, dann wirst du Geld verlieren. Dasselbe gilt für Versicherungen, die du immer wieder beitragsfrei stellst oder ganz kündigst, nur um später neue abzuschließen oder unversichert zu bleiben. Der Trick besteht tatsächlich im Durchhalten, also im Festhalten an der Strategie, für die du dich (hoffentlich schon in jungen Jahren) entschieden hast. Und wenn es dir nicht reicht, deine Ziele mit Freunden und Familie zu besprechen, um ihnen eine höhere Verbindlichkeit zu geben, dann such dir eine externe Unterstützung.

Suche dir einen Mentor!

Du solltest von Anfang an eine Instanz an deiner Seite haben, die dich am besten lange oder sogar während der ganzen Zeit begleitet. Das kann eine Person sein, der du ganz und gar vertraust und die über die nötige Kompetenz verfügt. Ein Unternehmen mit Beratungskompetenz, vielleicht ein Seminaranbieter oder ein Finanzinstitut, das deine Finanzpläne aktiv begleiten will, kommt ebenfalls in Betracht. Wen immer du auswählst: Sieh es so, dass diese Instanz die Chance erhält, sich bei dir zu qualifizieren. Was also ist dir wichtig? Wo benötigst du Hilfe? Was wäre für dich am hilfreichsten? Schreib dir auf, was du willst und welche Erwartungen du hast. Aus meiner Sicht sind diese Punkte von entscheidender Bedeutung:

- *Wissensvorsprung:* Diesen erkennst du an den fachlichen Qualifikationen. Welche Aus- und Weiterbildungen hat der Mentor, wie schaut es mit der Berufslaufbahn aus? Über welche Soft Skills verfügt er?
- *Menschliche Qualitäten:* Hier helfen dir deine Lebenserfahrung und deine Menschenkenntnis weiter. Verlass dich auf dein Bauchgefühl.
- *Vertrauen:* Was muss einen Mentor auszeichnen, damit du ihm wahrhaftig vertrauen kannst?
- *Persönliche Eigenschaften:* Schreib drei Eigenschaften auf, die dir und dem gedachten Mentor gemeinsam sein sollen, ein Beispiel wäre: »Ehrlichkeit, Zuverlässigkeit und Pünktlichkeit«.

Nach allem, was wir über den längsten Urlaub deines Lebens wissen, sollte dein Mentor vor allem in der Lage sein, dir das Thema »Altersvorsorge« positiv zu übersetzen. Dann kann er dir, wenn du dich in einem Motivationstief befindest, emotional wieder auf die Füße helfen. Zudem wäre es großartig, wenn dein Mentor über einen realistischen Rundumblick verfügen würde, um die Versicherungsthemen mit dir so anzuschauen, dass die Lösungen für dich passen.

Was kostet dich der Mentor? Es gibt drei Möglichkeiten: Vielleicht kostet dich die Begleitung gar nichts, sofern du einen Freund hast, der das machen möchte und kann. Vielleicht kannst du deine Fragen im Bekanntenkreis oder in der eigenen Familie besprechen und immer wieder zum Thema machen. Das bringt gleichzeitig den Vorteil der Transparenz und Offenheit. Außerdem helft ihr euch gegenseitig, euer Wissen auszubauen.

Des Weiteren gibt es kostenfreie Aktienklubs, in denen du Mitglied werden kannst. Dort liest man gemeinsam Bücher über Geld, tauscht sich zu dem Thema aus und beschäftigt sich mit der Historie des Geldes (und seiner Zukunft). Und es werden Experten zu Vorträgen über spezielle Geld-Themen eingeladen. Zudem kannst du auf die kostenfreien Informationen der Verbraucherzentralen zurückgreifen. Allerdings findest du hier in der Regel Allgemeinwissen und nichts, was für dich personalisiert wurde. Es kann für den Einstieg aber trotzdem sehr nützlich sein.

»Kostenloser Einstieg – später kostenpflichtig« – das ist Möglichkeit 2. Die reinen Beratungsleistungen bei Finanzpartnern sind meist kostenlos. Kommt es zu Abschlüssen über empfohlene Produkte, erhalten die Berater dafür Provisionen. Zu der kostenlosen Beratung bis zum Abschluss solltest du deinen Mentor, deinen Bekannten, deine Familie oder deinen Freund mitnehmen. Vier Augen sehen mehr als zwei – vier Ohren hören mehr als zwei.

Möglichkeit 3 ist die Kostenpflichtigkeit: Zu den in diesem Buch genannten vielfältigen Themen werden gebührenpflichtige Seminare angeboten. Achte bei der Auswahl des für dich richtigen Seminars darauf, dass es ein neutrales Informationsangebot ist, das nicht mit einem Verkauf gekoppelt ist. Das erkennst du unter anderem am Preis.

Als Mental Coach und Trainer habe ich wahrgenommen, dass Menschen leichter lernen, wenn sie sich körperlich bewegen. Neues bleibt eher im Gedächtnis, wenn wir gehen, statt zu sitzen, wenn wir selbst handeln, statt passiv zu lauschen. Auch spielerische und auf die Sinne zielende Vermittlungsformen können sehr hilfreich sein. Vor allem sind mentale Anstöße wertvoll. Für meine eigene Fortbildung suche ich mir Seminare, die diese Qualitäten bieten, und setze sie in meinen eigenen Formaten ein. Auch spielerische Ansätze können dabei sehr hilfreich sein.

Es gibt am Markt Mentoren, die ihre Dienste kostenpflichtig anbieten. Das kann ein sehr passender Weg für dich sein, weil du genau vereinbaren kannst, welche Erwartungen und Ziele du hast und was genau du haben möchtest. Lass dich von dem leiten, was ich hier zur Beratung gesagt habe, und folge bei der Wahl deinem Gefühl.

Ich kann und möchte dir keinen der genannten Mentoren besonders empfehlen. Wer für dich passt, kannst nur du spüren und entscheiden. Und wie weit ihr miteinander kommt, hängt von euch beiden ab. Aber eines möchte ich dir unbedingt ans Herz legen: Versuch nicht, dich allein durchzuwurschteln. Denn so verlierst du nur kostbare Zeit!

Leben, wo andere nur Urlaub machen: Dein Check-in als Rentner

Wenn du den längsten Urlaub deines Lebens angetreten hast, kannst du alles tun und lassen, was du möchtest. Du teilst dir deine Zeit frei ein und kannst dich aufhalten, wo du möchtest. Warum nicht dort, wohin du sonst nur im Urlaub gekommen bist? Was hältst du von einem Rentnerdasein in deinem geliebten Urlaubsort? Wäre es nicht toll, dort dauerhaft zu leben, wohin du in deinen schönsten Urlauben während des Berufslebens immer nur für kurze Zeit reisen konntest? Jetzt könntest du dort entweder für viele Monate im Jahr oder sogar auf Dauer leben. Die Idee haben schon viele andere vor dir umgesetzt. Du kannst ihre Erfahrungen nutzen und auf ihnen aufbauen.

Wichtige Fragen zu deinem Check-in als Rentner

Viele Rentner aus eher kühlen Breitengraden verbringen wie die Zugvögel die unfreundlichen Wintermonate gern im milderen Süden. Es gibt zahlreiche Hotels, die sich auf diese Art von Seniorenreisen eingestellt haben und für Unterkunft und Verpflegung sehr niedrige Pauschalpreise anbieten, wenn die Gäste sich für mehrere Monate einmieten. Oft reisen die Rentner an immer denselben Ort und in dasselbe Hotel, bekommen oft sogar dasselbe Zimmer und treffen dort dieselben Angestellten und bekannte Gäste, die es ebenso machen wie sie. Das ist schon fast, als wenn man nach Hause kommt. Das Zuhause in Deutschland wird derweil von Angehörigen versorgt – und von den reisenden Rentnern inklusive aller Fixkosten weiterbezahlt. Es ist also eine finanzielle Doppelbelastung, die man sich leisten können muss.

Von da ist es nur noch ein kleiner Schritt bis zu der Überlegung, das deutsche Heim (mit allen daran geknüpften wirtschaftlichen Verbindlichkeiten) endgültig aufzugeben und sich ganz dem ewigen Urlaub unter südlicher Sonne zu widmen. Wie beneidenswert! Aber Achtung: Es gibt eine ganze Menge Fragen, die du vorher gründlich bedenken und klären solltest.

Wie schaut es zum Beispiel mit der Rentenfortzahlung im Ausland aus?

Der deutsche Staat zahlt dir nicht unbedingt überall 100 Prozent deiner erworbenen Rentenansprüche aus! Wenn du nur vorübergehend im Ausland bist, ändert sich ohnehin nichts. Und auch, wenn du dauerhaft in ein Land der Europäischen Union oder nach Island, Liechtenstein, Norwegen oder in die Schweiz übersiedelst, ändert sich nichts. Diese Nicht-EU-Länder haben mit Deutschland ein sogenanntes Sozialversicherungsabkommen. Das sichert dir deine Rente in voller Höhe. Bei anderen Gastländern gelten andere Regeln.[39]

Anders ist es allerdings, wenn dein Rentenanspruch zum Teil im Ausland erworben wurde. Eine wichtige Ausnahme sind Rentenansprüche, die auf dem Rentenabkommen mit Polen von 1975 oder auf dem Fremdrentengesetz beruhen.

In jedem Fall gilt: Erkundige dich ganz genau, welche Folgen sich für deine Rente ergeben! Du bist übrigens verpflichtet, die Rentenkasse von deiner Umsiedelung zu informieren!

Was hat es mit der Lebensbescheinigung auf sich?

Ja, tatsächlich, die Deutsche Rentenversicherung benötigt jedes Jahr eine Lebensbescheinigung von dir. Die Lebensbescheinigung ist genau das, wonach es sich anhört: ein formeller Nachweis, dass du noch am Leben bist. Mit dem Nachweis soll trotz räumlicher Distanz sichergestellt werden, dass du weiterhin rechtmäßig die Rente erhältst und nicht jemand anders sie sich nach deinem Ableben erschleicht.

Die Lebensbescheinigung ist ein Formular, das ungefähr Mitte des Jahres an dich versandt wird. Du erhältst es mit der Post an deiner gemeldeten Adresse und musst es ausfüllen. Vor Ort musst du dir von Behörden oder Rentenversicherungsträgern, Geldinstituten oder Auslandsvertretungen bestätigen lassen, dass du das Formular persönlich vorlegst und damit nachweist, dass du lebst. Das bestätigte Formular schickst du dann an den Deutschen Renten Service zurück.

Was ist bezüglich der medizinischen Strukturen zu beachten?

Wie gut ist es um das Gesundheitswesen an deinem neuen Wohnort bestellt? Im höheren Alter kommt es bei vielen Menschen zu körperlichen oder geistigen Beschwerden. Aber selbst, wenn du gesund übersiedelst, ist nicht ausgeschlossen, dass du akut oder chronisch krank wirst. Dann bedarf es der fachlichen Begleitung, Behandlung oder Therapie. Aber ist das am neuen Wohnort möglich?

Verlass dich bei der Antwort besser nicht auf Vermutungen, sondern prüf das genau. Klär sorgfältig, ob du als Ausländer wirklich freien Zugang zu allen Leistungen hast oder dir zusätzliche Kosten entstehen, weil du deine Sozialabgaben in einem anderen als dem Gastland geleistet hast. Andersherum gefragt: Ist das, was du bei Bedarf an medizinischer Leistung bekommst, ausreichend für deine (in Deutschland passenden) Ansprüche und vor allem für deinen angegriffenen Gesundheitszustand?

Du kannst deutsche Verhältnisse nicht auf europäische Nachbarstaaten übertragen. Ich habe von einer jungen Deutschen, die auf einer Kanareninsel lebt und arbeitet, gehört, dass ihr in dem katholisch geprägten Land die Pille nur verschrieben wird, wenn sie eine Zyklusstörung fingiert. Anders als in ihrer Heimat, in der sie diese Entscheidung in Rücksprache mit ihrer Gynäkologin völlig frei treffen konnte.

Apropos Gesundheit: In vielen Ländern der Erde musst du bestimmte Impfungen nachweisen. Wie steckt dein älterer Körper das alles weg? Musst du vor Ort Auffrischungsimpfungen erhalten? Wie sieht es mit Covid-19 aus? Welche Maßnahmen gelten vor Ort? Kannst du die Anforderungen erfüllen, die dort für dich gelten?

Was ist bei Krankheit im fremdsprachigen Ausland grundsätzlich zu beachten?

Beherrschst du die Sprache am neuen Wohnort gut? Wenn es zum Einkaufen oder für die Bestellung im Restaurant ausreicht, bedeutet das nicht, dass du auch deine körperlichen oder geistigen Beschwerden verständlich schildern kannst. Wie gut und treffend kannst du erklären, was dir fehlt? Davon hängt schließlich ab, ob dir geholfen werden kann. Und verstehst du umgekehrt den Arzt, den Therapeuten oder den Pfleger, wenn sie dir etwas zu deinem Befinden mitteilen?

Eine Kundin von mir hat ein Augenleiden, das sich plötzlich und unerwartet verschlimmern kann und dann sofortige Behandlung benötigt, damit die Sehkraft erhalten bleibt. Sie hat als Vorbereitung auf Urlaubsreisen ins fremdsprachige Ausland ein Anamneseformular entwickelt, das die fachärztliche Bezeichnung der Erkrankung nennt. Zudem hat sie die Symptomatik der akuten Verschlimmerung, die sie dem Augenarzt im Ausland schildern muss, zum Ankreuzen je für das rechte und das linke Auge daruntergesetzt. Dieses Blatt hat sie sich von Profiübersetzern in verschiedene Sprachen übersetzen lassen, um es nun stets mit in den Urlaub zu nehmen. Ich finde, das ist eine gute Idee, um die korrekte Übermittlung des akuten Problems sicherzustellen. Beim nachfolgenden Beratungsgespräch und anderen notwendigen Klärungen kann es trotzdem schwierig werden. Eventuell sind Übersetzungsapps auf dem Handy eine Lösung. Teste aber vorher aus, wie gut sie sind.

Was sollte bei Pflegebedürftigkeit im Ausland Beachtung finden?

Über Pflege in Deutschland habe ich schon einiges gesagt. Tatsächlich gibt es gar nicht so wenige Deutsche, die sich selbst oder ihre pflegebedürftigen Angehörigen bewusst im Ausland ansiedeln, weil es dort einfach viel billiger ist, gepflegt zu werden.

Wenn ohnehin feststeht, dass du im Ausland Pflege benötigst, wirst du sicherlich sehr umsichtig alles recherchieren und nicht nur den günstigeren Preis berücksichtigen. Wie aber sieht es aus, wenn die Pflegebedürftigkeit dich erst im Ausland ereilt? Womöglich überraschend aufgrund eines Unfalls oder anderer Umstände? Gibt es ambulante Lösungen? Wo kommst du unter, falls du zu Hause nicht mehr zurechtkommst? Wie sehen die Pflegestrukturen vor Ort aus?

Wer zahlt die Leistungen im ausländischen Gesundheitswesen und bei der Pflege?

Den letzten Punkt solltest du unabhängig von deinem Gesundheitszustand auf jeden Fall vor deiner endgültigen Übersiedelung sorgfältig klären. Verlass dich nicht darauf, dass das schon irgendwie klappen wird. Wenn du krank bist und Hilfe benötigst, wirst du kaum die Energie aufbringen (oder vielleicht gar nicht in der Lage dazu sein), mit den Versicherungen in Deutschland die Feinheiten deines Versicherungsschutzes im Ausland zu klären. Du verlierst kostbare Zeit.

Es gibt durchaus Ärzte im Ausland, die dich ohne Zusage der vollständigen Kostenübernahme gar nicht erst behandeln. Dann solltest du wissen, was deine Versicherung später übernimmt und wie du an das Geld gelangst.

Wer eine Urlaubsreise ins Ausland unternimmt, klärt in der Regel, welchen Versicherungsschutz er am Reiseziel genießt. Entweder ist der Schutz in der Versicherung eingeschlossen oder kann für eine überschaubare Summe nachversichert werden. Beachte dabei die Geltungsdauer! Denn das ist bei einer dauerhaften Übersiedelung ins Ausland eine wichtige Frage: Spielen deine Kranken- und Pflegeversicherung auf Dauer mit?

Es gibt dabei Unterschiede zwischen den verschiedenen gesetzlichen Kassen und zwischen gesetzlichen und privaten. Das lässt sich also nicht allgemein sagen. Darum: Kümmere dich rechtzeitig darum, bevor du übersiedelst.

Was kosten das Wohnen, die Energie und die Lebenshaltung am neuen Wohnort?

In Deutschland und im ganzen Euroraum erleben wir aktuell eine ungewohnt hohe Inflation. Besonders Lebensmittel, Energie und Wohnen werden sehr schnell teurer. Du musst deutlich mehr finanzielle Mittel für deine Lebenshaltung einplanen als bisher.

Etwas Ähnliches hast du vielleicht schon erlebt, wenn du ins Ausland verreist bist und dich dort in einem Ferienhaus oder einer Ferienwohnung selbst versorgt hast. Generell sind Lebensmittelpreise nirgends in Europa so niedrig wie in Deutschland. In Skandinavien sind alkoholische Getränke sehr viel teurer als bei uns, weil der Staat auf diesem Weg den Konsum lenken möchte. Tanken kostet jenseits der deutschen Grenzen ebenfalls in vielen Ländern mehr als bei uns. Für den Urlaub legen sich deutsche Reiseprofis daher das zusätzlich benötigte Geld vorab zur Seite.

Wie aber sieht es aus, wenn es zu einem Wohnortwechsel kommt? Kannst du dir das Traumland von deiner deutschen Rente leisten? Ein besonders krasses Beispiel innerhalb Europas wäre ein Alterswohnsitz in der Schweiz: Mit einer durchschnittlichen deutschen Rente kommt man dort nicht sehr weit, weil die Schweiz ein sehr viel höheres Preisniveau hat.

Was ist beim Status deines Aufenthalts zu klären?

Im Ausland bist du ein Ausländer und musst deinen Status im Zielland klären. Einfach ist es für Nicht-Erwerbstätige innerhalb der Europäischen Union. Hier darfst du überall leben und bekommst eine Aufenthaltsgenehmigung – vorausgesetzt, du bist krankenversichert und kannst ein Einkommen nachweisen, das oberhalb des Sozialhilfesatzes im Gastland liegt. Unsere europäischen Nachbarn möchten sich nämlich keine neuen Sozialhilfeempfänger ins Land holen, die vorher ihre Sozialabgaben in einem anderen Land entrichtet haben.

Je nachdem, ob du zum Beispiel halbjährlich zwischen Deutschland und dem Ausland pendeln oder regelrecht auswandern möchtest, gelten unterschiedliche Regeln. Dabei spielt es eine Rolle, wo dein Gastland liegt. Kläre es sorgfältig, damit es wirklich dein längster Traumurlaub wird und du nicht ständig mit Ämtern und Konsulaten zu tun hast.

Reisen, ferne Länder sehen und vor Ort mal länger, mal kürzer einen Job annehmen – das klingt gut. Viele probieren es schon in jungen Jahren. Manche nutzen den Ruhestand, um sich ehrenamtlich im Ausland zu engagieren, zum Beispiel, wenn es gewachsene Kontakte aus dem Sport- oder Hobby-Bereich gibt. Und wieder andere wollen sich als Rentner auf ihren ausgedehnten Reisen etwas dazuverdienen, damit die Urlaubskasse entlastet wird. Dann heißt es wieder: Aufgepasst! Deutsche Verhältnisse (und die sind schon kompliziert genug, wenn es um das Geldverdienen neben dem Rentenbezug geht) lassen sich nicht einfach auf das Ausland übertragen!

Am besten erkundigst du dich ausführlich in der Auslandsvertretung deines Traumlandes und im Internet über die Spielregeln am Zielort und bei deiner Renten- und Krankenversicherung, worauf zu achten ist, bevor du dich auf den Weg machst.

Bei der Planung können dir Organisationen und Stiftungen helfen, die sich auf genau dieses Thema spezialisiert haben. Viele Informationen findest du im Internet, wenn du je nach deinen Wünschen diese Stichworte in die Suchmaschine eingibst: Senioren Generation 50+ im Ausland Freiwilligendienste Work & Travel Granny Aupair.

Gut möglich, dass dich das auf ganz neue Ideen bringt. Auf jeden Fall kannst du bereits jetzt Kontakte zu wertvollen Netzwerken knüpfen, die über einschlägiges Wissen verfügen und dir konkret helfen können.

Aktivurlaub: Im längsten Urlaub des Lebens arbeiten

Je nach Temperament wird dem einen oder anderen in einem längeren Urlaub durchaus langweilig. Nur immer am Pool zu liegen und auf die nächste Mahlzeit zu warten, ist nicht für jeden Menschen ein erfüllender Tagesablauf. Nicht einmal im Urlaub. Aktivurlaube sind für solche Menschen eine gute Alternative. Die Aktivität muss ja nicht gleich in Stress ausarten. Bei mehr als 20 Jahren Urlaub, im Ruhestand also, lohnt sich die Überlegung, ob man die Zeit nicht doch noch für sich nutzen möchte. Es ist also wenig überraschend und geradezu ein neuer Trend geworden: Eine wachsende Zahl von Rentnern entscheidet sich, auch nach Erreichen des Rentenalters zu arbeiten. Aktuell sind es schon mehr als eine Million Menschen in Deutschland. Manche haben einen Minijob. Andere bieten ihre Fähigkeiten freiberuflich an. Eine wachsende Zahl bleibt sogar im bisherigen Angestelltenverhältnis.

Das Statistische Bundesamt teilt dazu mit: »Die Lage von älteren Menschen auf dem Arbeitsmarkt hat sich in den vergangenen Jahren erheblich gewandelt. Die Erwerbsbeteiligung nahm in keiner anderen Altersgruppe so stark zu wie bei den 60- bis 64-Jährigen. Sie hat sich in den letzten zehn

Jahren von 41 % (2010) auf 61 % (2020) gesteigert. Aber auch jenseits des Renteneintrittsalters hat sich der Anteil der Erwerbstätigen in kurzer Zeit nahezu verdoppelt. 2010 arbeiteten die 65- bis 69-Jährigen noch zu 9 %. Im Jahr 2020 lag der Anteil bei 17 %.«[40]

Auch in diesem Lebensabschnitt unterscheidet sich die Berufstätigkeit von Frauen und Männern:

Berufstätigkeit 2020	Männer	Frauen
60 bis 64 Jahre	65 %	57 %
65 bis 69 Jahre	21 %	13 %

Ein wichtiger Grund für diesen Anstieg sind die Änderungen des gesetzlichen Rahmens für den Renteneintritt. Seit 2012 wird das gesetzliche Renteneintrittsalter stufenweise auf 67 Jahre angehoben. Zukünftig dürften also immer mehr Menschen länger arbeiten, damit sie keine Abschläge an ihrer Rente in Kauf nehmen müssen.

Wer als Rentner neben seiner Rente für Einkommen arbeitet, macht das in einer wachsenden Zahl von Fällen, weil die gesetzliche Rente zum Leben nicht ausreicht. 2020 machte für 33 Prozent der Erwerbstätigen ab 65 Jahren das Arbeitseinkommen den wesentlichen Teil ihrer Einkünfte aus, von denen sie lebten, so wiederum das Statistische Bundesamt.[41]

Das gestiegene Bildungsniveau gehört ebenfalls zu den Gründen, warum länger gearbeitet wird. Es ist statistisch nachweisbar, dass höhere Bildungsabschlüsse oft mit einer längeren Teilnahme am Erwerbsleben einhergehen. Betrachten wir die 60- bis 64-jährigen Erwerbstätigen im Jahr 2020, dann waren von ihnen 72 Prozent Hochqualifizierte und nur 47 Prozent Geringqualifizierte.

Ein weiterer Unterschied ergibt sich aus der Frage, ob man angestellt oder selbstständig arbeitet. Eine Regelaltersgrenze existiert für Selbstständige und mithelfende Familienangehörige nicht. Deshalb machen sie mit zunehmendem Alter einen immer größeren Prozentsatz der weiterhin Erwerbstätigen aus:

- 60 bis 64 Jahre: 13 Prozent Selbstständige und Familienangehörige
- ab 65 Jahre: 34 Prozent Selbstständige und Familienangehörige

Tatsächlich sind die Motive für das Arbeiten im Rentenalter also sehr unterschiedlich.[42] Nicht immer ist Altersarmut der Grund. Wer einen aus seiner Sicht interessanten Beruf hat und darin viel Anerkennung erfährt, wird vielleicht ganz einfach Lust haben, sich weiter einzubringen. Das scheint sogar für eine relativ große Zahl der berufstätigen Rentner zuzutreffen. Denn das durchschnittliche Renteneinkommen berufstätiger Rentner liegt gar nicht unter dem derjenigen, die nicht neben der Rente arbeiten. Viele sind also nicht von Not getrieben.

Allzu idyllisch sollten wir uns das Bild des arbeitenden Rentners aber nicht malen. 2017 beschreibt Ulrike Mascher, die damalige Präsidentin des Sozialverbands VdK, die andere Seite so: »Aus unserer Sicht belegen die Zahlen aber erneut, dass viele Menschen im Ruhestand arbeiten, weil sie mit ihrer Rente kaum über die Runden kommen. Viele arbeiten also, weil sie müssen, nicht, weil sie wollen.«[43] Sie verweist in diesem Zusammenhang auf die steigende Zahl armutsgefährdeter Rentner.

Seit Beginn des Jahres 2022 gibt es einen weiteren Aspekt, der für das Weiterarbeiten nach Erreichen des Rentenalters spricht: Wer als Rentner freiwillig weiterhin arbeitet und in die Rentenversicherung zahlt, erhöht dadurch seine monatliche Rente. Wer gar nicht erst in Rente geht, sondern beitragspflichtig noch arbeitet wie bisher, kann sich neben den höheren Rentenansprüchen über einen interessanten Bonus freuen:

Für jeden Monat sozialabgabenpflichtige Arbeit über das Renteneintrittsdatum hinaus steigt die Rente um 0,5 Prozent.

Für wen das eine Option ist, der kann auf diesem Weg noch den einen oder anderen entgangenen Rentenpunkt aus der Erwerbsbiografie wettmachen.

Seit dem 01.07.2022 gelten für den Hinzuverdienst neben der Teilrente, also der vorgezogenen Rente mit Abschlägen, flexiblere Regeln. Es lohnt sich, bei der Arbeitsagentur rechtzeitig ein Beratungsgespräch über diese Möglichkeiten zu vereinbaren.

Als Rentner arbeiten? Mit Vergnügen!

Bei einer Auswertung von Befragungsdaten aus dem Jahr 2019 wurde festgestellt, dass die Rentner mit Nebentätigkeit überdurchschnittlich gut ausgebildet sind. Sie waren meist jünger und fühlten sich gesünder als die befragten Rentner, die im Ruhestand ohne Job lebten. Über diesen Zusammenhang hat Tina Groll einen interessanten Artikel[44] veröffentlicht. Fußend auf den Ergebnissen einer repräsentativen Umfrage des Jahres 2019 kommt sie zu dem Schluss:»Rentnerinnen und Rentner mit einer beruflichen Nebentätigkeit sind überdurchschnittlich gut ausgebildet.« Sie sieht Hinweise darauf, dass es sich bei diesen berufstätigen Rentnern häufiger um Menschen handelt, die noch nicht ganz vom Job lassen können. Gut möglich ist aber auch, dass sie aufgrund ihrer erworbenen Expertise nicht ohne Weiteres ersetzbar und daher besonders gefragt seien. Es sei ein schönes Gefühl, gebraucht zu werden. Außerdem bringe eine höhere Qualifikation meist einen höheren Stundenlohn – es lohnt sich also ganz einfach mehr.

Minijobber – das sind gut die Hälfte der erwerbstätigen Rentner – verdienen lediglich 520 Euro. 25 Prozent kommen auf mehr als 1.800 Euro im Monat. Und rund 10 Prozent verdienen mehr als 4.200 Euro im Monat.[45] Der Durchschnitt liegt bei 1.574 Euro. Einen Zusammenhang zwischen diesen Zahlen und der bezogenen Rente konnte jedoch nicht festgestellt werden, so Tina Groll. Der direkte Schluss, dass eine zu niedrige Rente für die Fortsetzung des Arbeitslebens verantwortlich ist, greift demnach zu kurz.

Um die Personalengpässe abzufangen, die durch Corona auftreten, hat die Bundesregierung die Weiterarbeit und Wiederaufnahme der Arbeit auch nach vorgezogenem Renteneintritt (noch bevor man das Regeleintrittsalter erreicht hat) erleichtert. Dafür wurde die Hinzuverdienstgrenze von 6.300 Euro auf 46.060 Euro angehoben. Vom 1. Januar 2023 entfällt sie dauerhaft komplett. Man darf also neben der Rente unbegrenzt dazuverdienen.[46]

Die Hinzuverdienstgrenze ist daher nur noch bis Ende 2022 von Bedeutung, wenn man eine vorgezogene Altersrente bezieht. Wer bereits seine abzugsfreie Regelaltersrente erhält, kann unbegrenzt dazuverdienen, ohne dass ihm etwas von der Rente abgezogen wird.

Wir haben uns im Zusammenhang mit der gesetzlichen Rente das demografische Problem verdeutlicht, vor dem Deutschland steht. Schon aus diesem Grund sollten wir die wertvolle Arbeitskraft der über Sechzigjährigen nicht einfach ignorieren. Vieles spricht dafür, dass man auch dann auf seine Arbeitskraft vertrauen darf, wenn vorn schon lange die Sechs steht. Dass Ältere unproduktiver sind, nur weil sie älter sind, lässt sich nicht nachweisen. Es kommt immer auf den einzelnen Menschen an.

Aus eigener Erfahrung weiß ich, dass es Freude bereitet, einer Arbeit nachzugehen, die man liebt und gut beherrscht. Das Gefühl der eigenen Kompetenz ist sehr erfüllend. Es macht Spaß, mit sympathischen Kollegen, Gleichgesinnten und nicht zuletzt mit Jüngeren im Austausch zu bleiben. Sich nur noch mit Gleichaltrigen auf sonnigen Parkbänken zu treffen, hat sicherlich auch Charme, wird aber schnell etwas monoton. Der Austausch mit anderen Generationen ist etwas, das beim Rückzug auf das Altenteil oft sehr schnell auf der Strecke bleibt.

Wenn dein Arbeitgeber dann noch dafür sorgt, dass deine Arbeit durch flexible Arbeitszeiten und einen ergonomischen Arbeitsplatz für dich gut zu bewältigen ist, spricht nichts dagegen, länger zu arbeiten. Wenn du Lust dazu hast und eine Arbeit ausüben kannst, die dir Spaß macht – nur zu! Es hält den Kopf frisch und ist gut für die Sozialkontakte. Und die wiederum sind gut für dich.

Es gibt aber eine wichtige Einschränkung für diesen Rat:

Deine körperliche und geistige Verfassung sollte den Ausschlag dafür geben dürfen, wann du die Lebens-Arbeitszeit endgültig beendest. Hinzu kommt die Bedeutung der Freiwilligkeit.

Freiwilligkeit ist der Schlüssel

Auch, wenn du es dir als gesunder Mensch im Alter von 20, 30 oder 40 Jahren kaum vorstellen kannst: Deine körperliche und geistige Leistungsfähigkeit wird im späteren Verlauf deines Lebens abnehmen. Dinge, die dir heute leichtfallen, werden erst beschwerlich und schließlich nicht mehr zu bewältigen sein. Das ist an sich schon nicht schön. Aber wenn die verloren gegangenen Fähigkeiten dringend benötigt werden, um weiterhin Geld zu verdienen, dann hast du ein unlösbares Problem vor dir.

Tatsächlich muss man nicht der berühmte Dachdecker sein, dem es nicht zuzumuten ist, mit 70 Jahren oder später bei Wind und Wetter noch auf dem Dachfirst zu balancieren. Oder die Altenpflegerin, die am Ende älter wäre als die Betreuten, die sie ins Bett heben muss. Denn nicht nur körperlich anstrengende Arbeiten sind irgendwann nicht mehr leistbar. Auch der Kopf wird mit zunehmendem Alter weniger fit und schnell. Deine Routinen werden dir als Kopfarbeiter noch eine gute Weile weiterhelfen. Aber sie sind in der Vergangenheit erworben und entwickelt und du wirst erleben, dass sie sich irgendwann überlebt haben. In diesem Zusammenhang ist das lebenslange Lernen ein zentrales Schlagwort. Das tut dir sicherlich gut und erhält deine Lebensqualität. Aber wer sich als Hochbetagter dabei notgedrungen in berufliche Konkurrenz mit jungen frischen Köpfen begibt, kann ziemlich alt aussehen.

Grundsätzlich kann es also eine gute Sache sein, als Rentner noch (eine Weile) zu arbeiten. Allerdings nur, solange die Fortsetzung der Arbeit als Rentner freiwillig und nicht der puren Not geschuldet ist.

Es ist überhaupt keine gute Perspektive für dich, zu sagen: »Oh, wenn meine Rente nicht reicht, dann arbeite ich eben daneben weiter.« Ob du diese Einstellung mit 70, 80 oder 90 immer noch hast, wage ich anzuzweifeln. Vor allem, wenn du arbeiten musst und gar nicht die Wahl hast, damit aufzuhören, weil dir sonst höchstens noch der Gang zum Sozialamt bleibt – der auch nicht ohne Mühen ist.

Schlussgedanken

Zum Abschluss dieses Buches möchte ich dir noch
ein paar Hinweise mit auf den Umsetzungsweg geben.

Wann, womit, wie und warum beginnst du, deinen längsten Urlaub zu planen?

Wir starten mit dem »*Wann*«: Der richtige Zeitpunkt ist immer JETZT! Je
früher, desto besser. Denn der Faktor Zeit spielt bei der Vermögensbildung
eine entscheidende Rolle. Wir haben gesehen: Selbst kleine Summen – über
Jahre konsequent angespart und nicht angetastet – summieren sich nach
Jahrzehnten zu stattlichen Beträgen, mit denen du wirklich etwas anfangen
kannst.

Und »*Womit*«? Eine Bitte: Sag nicht, dass du kein Geld dafür hast.
Wir haben gesehen, wo dein heimliches Vermögen schlummert, wenn du
unsinnige Ausgaben vermeidest. Du kannst in kostenlosen Online-Depots
Sparpläne mit monatlich nur einem Euro (gern natürlich auch mehr) zum
regelmäßigen Nachkauf von Wertpapieren einrichten. Sag nicht, das hättest
du im Monat nicht übrig! Die Bereitschaft zum Sparen, der Entschluss dazu
und die konkrete Umsetzung sind genauso wichtig wie die Auswahl der
richtigen Anlageform.

Wie schaut es mit dem »*Wie*« aus? Dass ein Sparbuch nichts mehr
bringt und Geldinstitute manchmal sogar Geld dafür nehmen, dass sie dein
Geld in ihren Büchern führen, hast du wahrscheinlich schon gemerkt. Auch
andere sichere Formen der Anlage wie Tages- und Festgeld oder Anleihen
schützen nicht mehr vor den Verlusten durch Inflation. Du musst Risiken
eingehen: Mach das nicht überstürzt. Informier dich. Wäg ab. Schau, was
du wirklich verstehst. Entscheid dich für das, was am besten zu dir passt
– du kannst nicht jahrzehntelang gegen deine innere Stimme und Überzeugung agieren.

Bleibt das »*Warum*«: Weil es um deine Zukunft geht, um deine späteren Jahre, in denen es dir richtig gut gehen soll. Weil du die Zeit bis dahin
für dich nutzen kannst, um großartige Ziele zu erreichen. Weil du dafür

vielleicht eine Menge Dinge ändern musst, die dir heute im Weg stehen – und das geht oft nicht im Handumdrehen.

Und nicht zuletzt: Weil jedes Jahr, jeder Monat, jede Woche, jeder Tag, die du deine Entscheidung, mit deiner privaten Vorsorge zu beginnen, hinauszögerst, für immer verlorenes Geld bedeutet. Ungenutzt verstrichene Zeit kannst du auf keinem Weg wieder gutmachen!

Was ist also zu tun?

- Find die langfristige/n Geldanlage/n, die zu dir passt/passen.
- Find deinen Mentor, dem du vertraust.
- Belohn zuerst dich selbst.
- Setz dir ein regelmäßiges Sparziel.
- Stell das Sparziel nie mehr infrage.
- Halt dich an deine eigenen Regeln.
- Bestraf dich, wenn du davon abweichst.
- Belohn dich, wenn du dich daran hältst.
- Zweifle nicht und ändere nichts.
- Freu dich, dass dein Wohlstand wächst, und belohn dich für deinen Fleiß.
- Freu dich auf den längsten Urlaub deines Lebens.

Bist du jetzt urlaubsreif?

Wenn du diese Frage hörst, dann möchte dein Gegenüber üblicherweise wissen, ob du müde, erschöpft und ausgepowert bist. Meine Frage an dich ist anders gemeint. Lass mich dir mit einer kleinen Geschichte erklären, worum es mir geht.

Eines Tages kam ein Junge zum Meister, von dessen Weisheit er schon viel gehört hatte. Er wollte unbedingt bei ihm lernen, hatte alle seine Angelegenheiten geregelt, sein Bündel geschnürt und den zwei Tage dauernden mühevollen Aufstieg auf den Berg bewältigt.

Als der Junge ankam, saß der Meister auf dem Boden bei einer Tasse Tee. Überschwänglich begrüßte der junge Mann den Meister, erzählte von all dem, was er schon gelernt hatte, und bat, bei ihm weiter lernen zu dürfen.

Der Meister lächelte und sagte freundlich: »Komm in einem Monat wieder.«

Verwirrt ging der Junge zurück ins Tal zu seinen Freunden und besprach mit ihnen, warum er wohl zurückgeschickt worden sei.

Nach einem Monat stieg er wieder auf den Berg, und wieder fand er den Meister bei einer Tasse Tee.

Diesmal erzählte der junge Mann von all den Vermutungen, die seine Freunde und er zu den Erlebnissen der ersten Begegnung angestellt hatten. Wieder bat der Junge, bleiben und bei ihm lernen zu dürfen.

Der Meister lächelte und sagte freundlich: »Komm in einem Monat wieder.«

Dieses Spiel wiederholte sich noch einige Male.

Als der Junge schließlich wieder beim Tee trinkenden Meister ankam, setzte er sich ihm gegenüber, lächelte und sagte nichts.

Nach einer Weile stand der Meister auf, ging in seine Hütte und kam mit einer weiteren Tasse zurück. Er schenkte dem Jungen Tee ein und sagte dabei: »Jetzt kannst du bleiben, um zu lernen. In ein volles Gefäß kann ich nichts füllen.«

Urlaubsreif heißt hier nicht mehr das, was wir sonst darunter verstehen: Mit Blick auf den längsten Urlaub deines Lebens heißt es vielmehr ab jetzt:

Offen sein für die grundlegend positive Ausrichtung, dich selbst für ein langes tätiges Leben zu belohnen!

Du bist also urlaubsreif, wenn deine Ziele zu tun haben mit

- materieller Sorglosigkeit und auskömmlichen bis komfortablen Lebensverhältnissen und
- einem seelisch ausgeglichenen Gemüt, das Glück erkennen und genießen kann.

Was benötigst du dafür?

1. Einsicht in die Vorteile, die es dir bringt, dich selbst zu belohnen.
2. Bereitschaft, dafür dein Verhalten zu ändern.
3. Nachhaltigkeit: den unbedingten Willen zur Veränderung.
4. Überzeugung, dass du allein für deinen Erfolg verantwortlich bist.
5. Ziel: Du willst positive Änderungen erreichen, die du durch Selbstbelohnung unterstützt.
6. Kontinuität: Dieses Ziel steht dir täglich klar und unverändert vor Augen.
7. Begeisterung: Du erwärmst dich für das Ziel, du füllst es mit Enthusiasmus aus, du freust dich über die erreichten Teilschritte auf dem Weg dorthin.
8. Freude: Genieß jeden sichtbaren Erfolg. Freu dich auf alle weiteren erfolgreichen Schritte.
9. Achtsamkeit: Sei achtsam, wie dieses Thema dein tägliches Leben positiv verändert.

Um durchhalten zu können, solltest du diese Punkte berücksichtigen:

- Sprich mit Freunden und Familie über deine Ziele.
- Mach ihnen klar, dass du ernst genommen werden willst.
- Lass dich von niemandem negativ beeinflussen.
- Kehr täglich zu deiner positiven Motivation zurück – gedanklich und emotional.
- Nimm Hilfe an und freu dich über jede Art von Unterstützung.
- Betrachte deine (Teil-)Erfolge und erfreu dich an ihnen.
- Sei stolz auf das, was du (dir) leistest.

Nun bist du auf deinem Weg

Zum Abschluss möchte ich dir gern eine weitere Geschichte erzählen. Sie stammt von James E. K. Aggrey aus Ghana und heißt »Der Adler, der nicht fliegen wollte«.

Ein Mann fing sich im Wald einen jungen Adler, brachte ihn heim und steckte ihn in den Hühnerhof zu seinen Hühnern, Enten und Puten. Er fütterte und behandelte ihn genau wie sein anderes Geflügel.

Nach fünf Jahren besuchte ihn ein naturkundiger Mann, der sofort erkannte: »Das ist kein Huhn, sondern ein Adler!«

»Ich weiß«, antwortete der Besitzer. »Aber ich habe ihn wie ein Huhn erzogen. Er ist kein Adler mehr, sondern ein Huhn. Trotz seiner Spannweite von drei Metern.«

»Du irrst dich«, entgegnete sein Besucher. »Er ist immer noch ein Adler, denn er hat das Herz eines Adlers. Das wird ihn hinauf in die Lüfte fliegen lassen.«

»Er wird niemals fliegen«, entgegnete der Besitzer. »Er ist jetzt ein richtiges Huhn.« Sie beschlossen auszuprobieren, wer von ihnen recht behalten würde.

Der naturkundige Mann nahm den Adler auf seine Faust, hob den Arm in die Höhe und sagte: »Der du ein Adler bist, der du dem Himmel gehörst und nicht dieser Erde: Breite deine Schwingen aus und fliege!« Der Adler blickte sich um, sah rings um sich die Hühner scharren und picken, sprang zu ihnen hinunter und begann selbst zu scharren.

Der Besitzer triumphierte, aber der Besucher sagte: »Morgen wollen wir es noch einmal probieren.«

Am nächsten Tag stieg er mit dem Adler auf das Dach des Hauses, hob ihn wieder empor und ermutigte ihn mit denselben Worten wie am Vortag zum Fliegen. Wieder blickte sich der Adler um, erkannte unten im Hof die Hühner, sprang hinab und gesellte sich scharrend zu ihnen.

Sein Besitzer sah die Frage als entschieden an, aber der Besucher wollte es noch ein drittes Mal probieren.

Am nächsten Morgen brachte er den Adler weit weg aus der Stadt an den Fuß eines hohen Berges. Die Sonne ging gerade auf und tauchte den Berg in goldenes Licht.

Wieder ermutigte der naturkundige Mann den Adler zum Fliegen. Der Adler blickte umher, zitterte, als erfüllte ihn neues Leben – aber er flog nicht. Da ließ ihn der Mann direkt in die Sonne schauen. Und plötzlich breitete der Adler seine gewaltigen Schwingen aus und erhob sich mit dem Schrei eines Adlers in die Lüfte, flog höher und höher, um nie mehr zurückzukehren.

Wenn du ein Adler bist, flieg. Wenn du ein Pinguin bist, tauche. Sei du selbst und find dein Element – lass dich nicht mehr daraus vertreiben und verlass es auch nicht aus freien Stücken selbst. Denn du hast alles in dir, was dir den Erfolg bringen wird.

- Der Sieger hat immer einen Plan. Der Verlierer hat immer eine Ausrede.
- Der Sieger findet für jedes Problem eine Lösung. Der Verlierer findet in jeder Lösung ein Problem.
- Der Sieger vergleicht seine Leistungen mit seinen Zielen. Der Verlierer vergleicht seine Leistungen mit denen anderer Leute.
- Der Sieger sagt: »Es mag schwierig sein, aber es ist möglich.« Der Verlierer sagt: »Es mag möglich sein, aber es ist zu schwierig.«
- Der Sieger ist Teil der Lösung. Der Verlierer ist Teil des Problems.
- Es zählt allein, was du denkst und tust!

Ich freue mich, dass du mit mir durch dieses Buch gegangen bist. Es hat dich hoffentlich ermutigt, deine Möglichkeiten neu zu beurteilen. Vertrau dir und hör auf deine innere Stimme, die dich richtig führen wird – egal, was andere zuvor aus dir gemacht haben oder machen wollten. Viel Glück und Erfolg auf deinem Weg!

Zum Weiterlesen empfohlen

Informier dich so umfassend, wie es für dich gut und richtig ist. Je mehr du weißt, desto bessere Entscheidungen kannst du für dich und deine Lieben treffen. Neben der Lektüre von Biografien über Menschen, die es geschafft haben, habe ich immer gern Gespräche geführt: mit denen, die im Leben gestrandet sind, und den Glückskindern.

Aus der Fülle lesenswerter Titel schlage ich dir hier einige vor, die ich mit Blick auf die thematischen Schwerpunkte dieses Buches besonders interessant finde.

Schwerpunkt »Positives Denken« und »Persönlichkeit entfalten«

- Coelho, Paulo: Der Alchimist. Diogenes Verlag, Zürich, 24. Auflage 2008
- Dobelli, Rolf: Die Kunst des klaren Denkens. 32 Denkfehler, die Sie besser anderen überlassen. Piper Verlag, München. 6. Auflage 2020
- Eberspächer, Hans: Gut sein, wenn's drauf ankommt. Von Top-Leistern lernen. Carl Hanser Verlag, München, 3. Auflage 2011
- Eberspächer, Hans: Ressource Ich. Stressmanagement in Beruf und Alltag. Carl Hanser Verlag, München, 3. Auflage 2009
- Grün, Anselm: Menschen führen – Leben wecken. Anregungen aus der Regel Benedikts von Nursia. Vier-Türme-Verlag, Münsterschwarzach, 2. Auflage 2020
- Haas, Oliver: Corporate Happiness als Führungssystem. Glückliche Menschen leisten gerne mehr. Erich Schmidt Verlag, Berlin, 2. Auflage 2015
- Hessel, Stéphane; Kogon, Michael: Empört euch! Ullstein Verlag, Berlin, 33. Auflage 2011
- Hüther, Gerald: Was wir sind und was wir sein könnten. Ein neurobiologischer Mutmacher. S. Fischer Verlag, Frankfurt am Main, 9. Auflage 2018

- Lüdemann, Dagmar: Wo findest du dein Glück? Dagmar Lüde-mann Verlag, 2012
- Middendorf, Katharina; Sturm, Ralf: Happy-End im Kopfkino. Wie wir uns von Überzeugungen befreien, die unserem Glück im Weg stehen. Gräfe und Unzer Verlag, München, 2. Auflage 2018
- Newberg, Andrew; Waldman, Mark Robert: Der Fingerabdruck Gottes. Wie religiöse und spirituelle Erfahrungen unser Gehirn ver-ändern. Kailash Verlag, München 2010
- Nhat Hanh, Thich: Die Kunst des glücklichen Lebens. Theseus Verlag, 2001
- Sinek, Simon: Frag immer erst: warum. Wie Topfirmen und Füh-rungskräfte zum Erfolg inspirieren. Redline Verlag, München 2014
- Strelecky, John: Das Café am Rande der Welt. Eine Erzählung über den Sinn des Lebens. Deutscher Taschenbuch Verlag, München 2007
- Watzlawick, Paul: Anleitung zum Unglücklichsein. Piper Verlag, München 1983

Schwerpunkt »Geld und Geldanlagen«

- Clason, George Samuel; Gittinger, Antoinette: Der reichste Mann von Babylon. Erfolgsgeheimnisse der Antike. Der erste Schritt in die finanzielle Freiheit. Goldmann Verlag, München, 21. Auflage 2002
- Decker, Karolina; Klitzke, Rica; Matz, Leitha: Finanzen sind weib-lich. Wie du erfolgreich investierst und finanziell unabhängig wirst. GABAL Verlag, Offenbach 2022
- Frädrich, Stefan: Günter, der innere Schweinehund, wird reich. Ein tierisches Wohlstandsbuch. GABAL Verlag, Offenbach 2022
- Graham, Benjamin: Intelligent investieren. FinanzBuch Verlag, München, 7. Auflage 2014
- Hill, Napoleon: Denke nach und werde reich. FinanzBuch Verlag, München 2021 (Ungekürzte und unveränderte Originalausgabe von 1937 in deutscher Übersetzung)
- Honda, Ken: Happy Money. Der entspannte Weg zu Wohlstand und Glück. Ullstein Verlag, Berlin, 3. Auflage 2020

- Kiyosaki, Robert T.: Rich Dad, Poor Dad. Was die Reichen ihren Kindern über Geld beibringen. FinanzBuch Verlag, München 2016
- Kühn, Stefanie; Kühn, Markus: Ihr Start in die finanzielle Freiheit. Wie Ihnen mit dem richtigen Mindset der finanzielle Durchbruch gelingt. GABAL Verlag, Offenbach 2021
- Robbins, Tony: Unangreifbar. Deine Strategie für finanzielle Freiheit. FinanzBuch Verlag, München 2017
- Schäfer, Bodo: Erfolgreich denken. Lernen Sie wie Millionäre zu denken und Grenzen zu überwinden. Audiobook, Bodo Schäfer Akademie GmbH 2021
- Schäfer, Bodo: Der Weg zur finanziellen Freiheit. Ihre erste Million in 7 Jahren. Deutscher Taschenbuch Verlag, München 2020
- Schäfer, Bodo: Ein Hund namens Money. Spielerisch zu Erfolg und Wohlstand. Deutscher Taschenbuch Verlag, München. 7. Auflage 2019
- Schäfer, Bodo: In 7 Jahren die erste Million. Das Kassetten-Seminar. Campus audiobooks, Frankfurt am Main 1999
- Sethi, Ramit: Ich zeige dir, wie du reich wirst. FinanzBuch Verlag, München 2020
- Schüller, Heidi: Die Alterslüge. Für einen neuen Generationenvertrag. Rowohlt Verlag, Berlin 1995

Anmerkungen und Quellen

1 Die ausführliche Checkliste mit allen inhaltlichen Unterpunkten, auf die ich mich beziehe, findest du im Web auf http://urlaubs-checkliste.de/urlaubs-checkliste/, aufgerufen am 19.09.2022.

2 Stichtag für diese Auskunft des Bundesarbeitsministeriums auf Anfrage der Linken ist der 30.12.2020. Quelle: https://www.tagesschau.de/inland/renten-vollzeitbeschaeftigte-101.html, aufgerufen am 19.09.2022.

3 Alle Angaben und Informationen zur Rente, zur Rentenversicherung und zu den Renten-Plänen der Koalition aus SPD, Bündnis 90/Die Grünen und FDP basieren auf der Situation im August 2022.

4 Laut Statistischem Bundesamt stieg die Zahl der Rentenempfänger im Vergleich zum Vorjahr um 127.000 auf knapp 22 Millionen, die rund 350 Milliarden Euro an Rentenleistungen ausgezahlt bekommen. Das sind etwa 8,5 Milliarden Euro mehr als im Vorjahr. Quelle: https://www.tagesschau.de/inland/mehr-rentenempfaenger-101.html, aufgerufen am 19.09.2022.

5 Eigene Darstellung. Quelle: https://www.welt.de/wirtschaft/article140224066/Nur-die-Rente-mit-74-kann-Deutschland-noch-helfen.html, aufgerufen am 19.09.2022.

6 Dass die Auswirkungen von Corona bisher sichere Auskommen rapide entwurzeln, zeigt sich vor allem bei den Menschen mit geringeren Einkünften. Der aktuelle Armutsbericht des Paritätischen Wohlfahrtsverbandes beziffert die Zahl der Deutschen, die akut armutsgefährdet sind, auf 13,8 Millionen. Das sind 600.000 mehr als vor der Pandemie. Es wird vermutet – und das ist alles andere als unwahrscheinlich –, dass die Inflation die Lage weiter verschärfen wird. Quelle: https://www.tagesschau.de/thema/armutsbericht/, aufgerufen am 19.09.2022.

7 Die Kosten für deine Kranken- und Pflegeversicherung im Alter sind ein weites und nicht für alle harmloses Feld. Verschaff dir am besten bald einen Überblick, damit du keine böse Überraschung erlebst. Das Internet hält viele Informationen bereit. Ein Einstieg kann der folgende Artikel sein, der auf viele Unterthemen verlinkt: Caroline Benzel und Mauritius Kloft: Versicherung im Ruhestand. Diese Krankenkassen-Kosten kommen auf Sie als Rentner zu (aktualisiert am 16.11.2021). https://www.t-online.

de/finanzen/geld-vorsorge/versicherungen/id_46248794/krankenver-sicherung-der-rentner-kvdr-alle-wichtigen-infos.html, aufgerufen am 19.09.2022.

8   Es gibt zu den folgenden Punkten unterschiedliche Zahlen. Gemeinsam ist ihnen jedoch die Schlussfolgerung: Die Nachteile für deutsche Frauen sind gravierend und schreien zum Himmel. Ich beziehe mich auf die Artikelserie von Christine Holthoff: Altersarmut ist weiblich – wer trägt die Schuld? https://www.t-online.de/finanzen/geld-vorsorge/geldanlage/id_89048108/finanzen-fuer-frauen-altersarmut-ist-weiblich-doch-warum-.html, aufgerufen am 19.09.2022.

9   Im Laufe des Jahres 2020 waren in Deutschland 256.000 Menschen wohnungslos (ohne Flüchtlinge). Die Gesamtzahl der Wohnungslosen inklusive der Flüchtlinge betrug 417.000. Die Zahlen stammen von der Bundesarbeitsgemeinschaft Wohnungslosenhilfe (BAG W), Dezember 2021. Zur diesbezüglichen Situation der Frauen hat die Armutsforscherin Irene Götz in dem interessanten Interview »Frauen ziehen den Kürzeren« die Zusammenhänge skizziert: https://taz.de/Wissenschaftlerin-ueber-Altersarmut/!5574631/, aufgerufen am 19.09.2022.

10   Christine Holthoff, Finanzredakteurin, hat das recherchiert und im Januar 2021 in einer Serie mit lesenswerten Artikeln veröffentlicht: https://www.t-online.de/finanzen/geld-vorsorge/geldanlage/id_88450330/rentenluecke-darum-muessten-frauen-viel-mehr-geld-sparen-als-maenner.html, aufgerufen am 19.09.2022.

11   Christine Holthoff: Mit 30, 40, 50, 60 Jahren: So viel Geld bräuchten Frauen für eine sorgenfreie Rente. Quelle siehe Anmerkung 10.

12   Ich beziehe mich auf eine Jugendstudie des Versorgungswerks Metall-Rente, die Frank Specht in seinem Artikel im Handelsblatt vom 04.05.2022 vorgestellt hat: »Investieren ist das neue Sparen«: Junge Erwachsene setzen bei der Altersvorsorge auf Aktien und Fonds: https://www.handelsblatt.com/politik/deutschland/jugendstudie-investieren-ist-das-neue-sparen-junge-erwachsene-setzen-bei-der-altersvorsorge-auf-aktien-und-fonds/28299536.html, aufgerufen am 19.09.2022.

13   Dieses wunderbare Rechenbeispiel mit Opa Heinz verdanke ich meinem Freund Lothar Koch, der als Finanzdienstleister in Schleswig-Holstein und Hamburg erfolgreich ist. Ich möchte dir mit dem Rechenbeispiel ein Gefühl dafür vermitteln, was lange Laufzeiten bewirken, vor allem, wenn zwischenzeitlich Gewinne, Zinsen und Renditen ebenso unangetastet blei-

ben wie der angelegte Kapitalstock. Um der Klarheit willen bin ich so wie Lothar Koch von der Fiktion ausgegangen, dass Opa Heinz schon in Euro investiert hat. Die (historisch eigentlich korrekte) Umrechnung im Zuge der Währungsreform zur Jahrtausendwende würde unser Beispiel nur kompliziert machen, sodass es an Anschaulichkeit einbüßen würde. Tun wir also für den Moment so, als hätte schon Opa Heinz über den Euro verfügt, um zu sehen, dass 45 Anlagejahre ein wirkungsvoller Hebel für deine Finanzpläne sind. Denn das stimmt weiterhin.

14   Einen schnellen Überblick über 50 Jahre Dax-Rendite liefert dir das Deutsche Aktieninstitut hier: https://www.dai.de/files/dai_usercontent/ dokumente/renditedreieck/181231%20DAX-Rendite-Dreieck%2050%20 Jahre%20Web.pdf, aufgerufen am 19.09.2022.

15   Die Zahlen basieren auf einer Beispielrechnung der www.haptische-ver-kaufshilfen.de, aufgerufen am 19.09.2022. Für eine Rente von monatlich 500 Euro wird in der Ansparphase von fünf Prozent Zinsen und zwei Prozent Inflation ausgegangen. Diese Zahlen sind so natürlich nicht aktuell. Du musst heute deutlich mehr ansparen.

16   Mein Podcast »Money Talks« mit meinen interessanten Gesprächs-partnern liefert dir jederzeit Anregungen und Ideen, siehe https://money-talks.podigee.io auf meiner Website (aufgerufen am 19.09.2022) und alle gängigen Podcast-Medien.

17   Siehe dazu Nadine Oberhuber: Falle Steuersparmodell. Steuern sparen kann teuer werden (FAZ online am 18.08.2017). https://www.faz.net/aktuell/finanzen/meine-finanzen/steuern-sparen/steuersparmodell-selten-eine-gute-idee-15148705.html, aufgerufen am 19.09.2022.

18   Legale Steuererleichterungen zu nutzen, halte ich insgesamt gesehen für eine gute Idee. Aufwendungen für deine Altersvorsorge im Rahmen einer sogenannten Basis-Versorgung (Rürup-Rente) sind ein Beispiel. Du kannst die jährlichen Beiträge in deiner Einkommensteuer-Erklärung bis zu einem Höchstbetrag, der an dein Einkommen gekoppelt ist, steuerlich mindernd geltend machen. Du tust also etwas für deinen längsten Urlaub und bekommst dafür vom Staat etwas gutgeschrieben. Einen kurzen Über-blick zu diesem Thema liefert zum Beispiel: https://www.dieversicherer. de/versicherer/altersvorsorge-rente/news/diese-versicherungsbeitraege-koennen-sie-von-der-steuer-absetzen-3464 (Stand 14.10.2019), aufgerufen am 19.09.2022.

19 Diese Zahlen ermittelte eine Studie von YouGov im Auftrag von CHECK24. Quelle: https://www.check24.de/kredit/news/so-finanzieren-die-deutschen-ihren-Urlaub-65893/ (24.06.2019), aufgerufen am 19.09.2022.

20 Diesen für mich überraschenden Tatbestand entnahm ich in einem Artikel von Anja Ettel und Holger Zschäpitz: Anlegen wie die Notenbank-Profis. In: Die Welt, 08.04.2022, Wirtschaft und Geld, Seite 13.

21 Anja Ettel und Holger Zschäpitz, am angegebenen Ort.

22 Thomas Straubhaar: Das verkannte Vermögen der Deutschen. In: Die Welt, 04.04.2022, Wirtschaft und Geld, Seite 11.

23 Siehe dazu https://erfolg-magazin.de/unsere-zweifel-sind-verraeter/, aufgerufen am 19.09.2022.

24 Dazu findest du wichtige Informationen im Internet, etwa: https://www.finanztip.de/uebungsleiterpauschale/, aufgerufen am 19.09.2022.

25 Über die Studie wird an vielen Orten berichtet, unter anderem hier: https://mittelrheinland.de/harvard-studie-wer-seine-ziele-schriftlich-formuliert-erreicht-das-zehnfache/, aufgerufen am 19.09.2022. Allerdings konnte ich bei meinen Recherchen zu der Studie deren Quelle nicht ausfindig machen. In Büchern und im Internet wird sie des Öfteren zitiert, aber niemand gibt eine Originalquelle an.

26 Siehe https://www.youtube.com/watch?v = VTsCyiR0Av8, aufgerufen am 19.09.2022.

27 Siehe dazu Sonja Lyubomirsky: Glücklich sein. Warum Sie es in der Hand haben, zufrieden zu leben. Campus Verlag, Frankfurt/New York, 2. Auflage 2018, S. 29–31.

28 Siehe dazu Hans Wochesländer: Techniken des Zeitmanagements und der Selbstanalyse: Wie Sie Beruf und Privatleben unter einen Hut bekommen. So stärken Sie Ihre Selbstdisziplin. 01.04.2012. Quelle: www.akademie.de/de/wissen/zeitmanagement-selbstanalyse, aufgerufen am 19.09.2022.

29 Ein anderes negativ besetztes Vorsorge-Thema ist die Krebsvorsorge. Die Felix Burda Stiftung hat es sich zum Ziel gesetzt, vor allem die männlichen Vorsorgemuffel für die Darmkrebs-Vorsorge zu motivieren. Nur drei Prozent der Männer, die einen Anspruch auf eine Koloskopie (Darmspiegelung) haben, machen davon Gebrauch. Dabei erkranken deutsche Männer doppelt so häufig an Darmkrebs wie Frauen. Der Kommentar von Paul Breitner, Fußball-Weltmeister von 1974, lautet: »Typisch Mann,

typisch blöd!« Quelle: https://www.monitor-versorgungsforschung.de/
news/typisch-mann-typisch-bloed?searchterm = typisch + Mann,
aufgerufen am 19.09.2022.

30   Quelle: www.gothaer2know.de/altern, aufgerufen am 19.09.2022.

31   Such auf allen Wegen, die sich dir zeigen, nach Informationen
darüber, wie und in was du investieren kannst. Dass gerade die jüngeren
Menschen in Deutschland endlich auch ihren Blick dafür öffnen, dass es
einen Markt für Wertpapiere gibt, gibt Anlass zur Hoffnung. Einen Blick
auf diesen Trend wirft Frank Specht in seinem Artikel über eine aktuelle
Jugendstudie (04.05.2022): Investieren ist das neue Sparen. Junge
Erwachsene setzen bei der Altersvorsorge auf Aktien und Fonds.
Quelle: https://www.handelsblatt.com/politik/deutschland/jugendstudie-
investieren-ist-das-neue-sparen-junge-erwachsene-setzen-bei-der-alters-
vorsorge-auf-aktien-und-fonds/28299536.html, aufgerufen am 19.09.2022.

32   Siehe etwa https://www.faz.net/aktuell/wirtschaft/warum-ist-sparen-
nicht-immer-eine-tugend-1459234.html, aufgerufen am 19.09.2022.

33   Ich greife hier auf die Ideen der »Finanztante« Daniela Hilpert zurück:
www.finanztante.de/44-spartipps-sparpotenziale-erkennen-konkret-
sparen-kannst, aufgerufen am 19.09.2022.

34   Diese Idee mit den verschiedenen Töpfen wirst du auch in anderen
Ratgebern finden. Philipp J. Müller empfiehlt sie zum Beispiel in seinem
Buch »GeldRICHTIG. Einkommen erhöhen, moralisch handeln, persön-
liche Freiheit leben« (GABAL Verlag 2020).

35   Wenn du dich in das Thema einlesen möchtest, helfen dir vielleicht die
Ideen von Stefanie und Markus Kühn: Ihr Start in die finanzielle Freiheit.
Wie Ihnen mit dem richtigen Mindset der finanzielle Durchbruch gelingt
(GABAL Verlag 2021).

36   Informationen dazu findest du hier: https://www.verbraucherzentrale.de/
wissen/gesundheit-pflege/pflegeantrag-und-leistungen/elternunterhalt-
kinder-zahlen-erst-ab-100000-euro-jahreseinkommen-28892, aufgerufen
am 19.09.2022.

37   Pressemitteilung des Statistischen Bundesamtes Nr. N 049 vom
03.08.2021. Auch online: https://www.destatis.de/DE/Presse/Pressemit
teilungen/2021/08/PD21_N049_12.html, aufgerufen am 19.09.2022.

38   Die Hitliste habe ich hier gefunden: www.versicherungsbote.de/id/89037/
Pflegeversicherung-pflegefall-irrtum-pflege-rv-versicherung, aufgerufen am
19.09.2022.

39 Mehr Informationen und Kontakte der Deutschen Rentenversicherung unter: https://www.deutsche-rentenversicherung.de/DRV/DE/Rente/ Ausland/Rente-im-Ausland/rente-im-ausland-umzug-detailseite.html, aufgerufen am 19.09.2022.

40 Quelle: Statistisches Bundesamt: https://www.destatis.de/DE/Themen/ Querschnitt/Demografischer-Wandel/Aeltere-Menschen/ erwerbstaetigkeit.html. Die hier genannten Zahlen wurden am 19.09.2022 aufgerufen. Alle Angaben unter dem genannten Link werden vom Statistischen Bundesamt kontinuierlich überprüft und aktualisiert.

41 Quelle: Statistisches Bundesamt; am angegebenen Ort.

42 Birgit Marschall wirft in ihrem Artikel einen Blick auf die vielfältigen Gründe, warum Rentner arbeiten gehen, und hat die genannten Zahlen recherchiert: https://rp-online.de/wirtschaft/unternehmen/rentner-gehen-arbeiten_aid-19423163. 12.07.2017, aufgerufen am 19.09.2022.

43 Siehe https://www.handelsblatt.com/politik/deutschland/bis-ins-hohe-alter-immer-mehr-aeltere-menschen-im-job/20050126.html, aufgerufen am 19.09.2022.

44 Tina Groll: Arbeiten in der Rente – aber freiwillig. https://wirsindderwandel.de/arbeit//arbeiten-in-der-rente-aber-freiwillig. 27.09.2021, aufgerufen am 19.09.2022.

45 Für einen ersten Überblick über die Spielregeln beim Zuverdienst als Rentner ist dieser Artikel nützlich: https://www.heimkapital.de/magazin/ arbeiten-als-rentner/, aufgerufen am 19.09.2022.

46 Quelle: https://www.deutsche-rentenversicherung.de/DRV/DE/Home/ Corona_Blog/210112_hinzuverdienstgrenze_erhoeht.html, aufgerufen am 19.09.2022.

Über Frank Grell

Der Autor ist ausgebildeter Kaufmann für Finanzen und Versicherungen und lizensierter Mental Trainer der Industrie- und Handelskammer zu Lübeck. Glücklich verheiratet mit einer vielseitig begabten Lehrerin, ist er leidenschaftlicher Familienvater der drei gemeinsamen Töchter.

Er arbeitet als selbstständiger Versicherungskaufmann und Vertreter der Provinzial Versicherung mit eigener Agentur im schleswig-holsteinischen Preetz. Überraschende Mentaltechniken, profunde Menschenkenntnis, Lebenserfahrung und berufliche Lösungsexpertise fließen in seine Beratungen ein. Er versteht sich als empathischer Lotse und Mentor für Menschen, die Hilfe und Rat bei der Neuorientierung in unübersichtlichen Lebensphasen suchen. Seine Inspirationen rund um das Thema »Wohlstand« vermittelt er in Seminaren und Coachings, als Speaker, Autor und in Podcasts.

Frank Grell nutzt keine ausgetretenen Pfade. Auf seinem Lebensweg, der nicht ohne Steine war, hat er sich eine positive Lebensanschauung erworben, die sich in einer mehrheitlich von schlechten Nachrichten dominierten Welt ebenso angenehm wie überraschend vom Mainstream abhebt. Die Erfahrung der eigenen Kraft, die mit dem Wechsel vom negativen zum positiven Denken einhergeht, möchte er mit seinen Lesern teilen. Darin sieht er den wirkungsvollsten Hebel, um den eigenen Wohlstand denken, fühlen und damit erfolgreich anstreben zu können. Das Bild vom verheißungsvollen »längsten Urlaub deines Lebens« anstelle einer blockierenden »Altersvorsorge« ist in seiner täglichen Beratungspraxis entstanden. Der kreative Umgang mit diesem Beratungsansatz und seine Bereitschaft, sich damit dem Wettbewerb innerhalb der Branche zu stellen, haben ihm zahlreiche Meistertitel und Awards beschert:

- InnoWard-Preisträger 2008 des Berufsbildungswerkes der Deutschen Versicherungswirtschaft BWV
- 5-facher Gold-Preisträger der Versicherungswirtschaft
- 3-facher Platin-Preisträger des KuBI e. V. – Konzeptentwicklungs- und Beratungs-/Innovationswerkstatt der Assekuranz und Finanzdienstleister
- Hall of Fame Award 2019, Botschafter für Altersvorsorge – Würdigung des Bundesministeriums für Verbraucherschutz unter der Schirmherrschaft von Katarina Barley
- Excellence Award beim Internationalen Speaker Slam 2021

www.finanzen-mit-kopf.de
www.provinzial.de/preetz

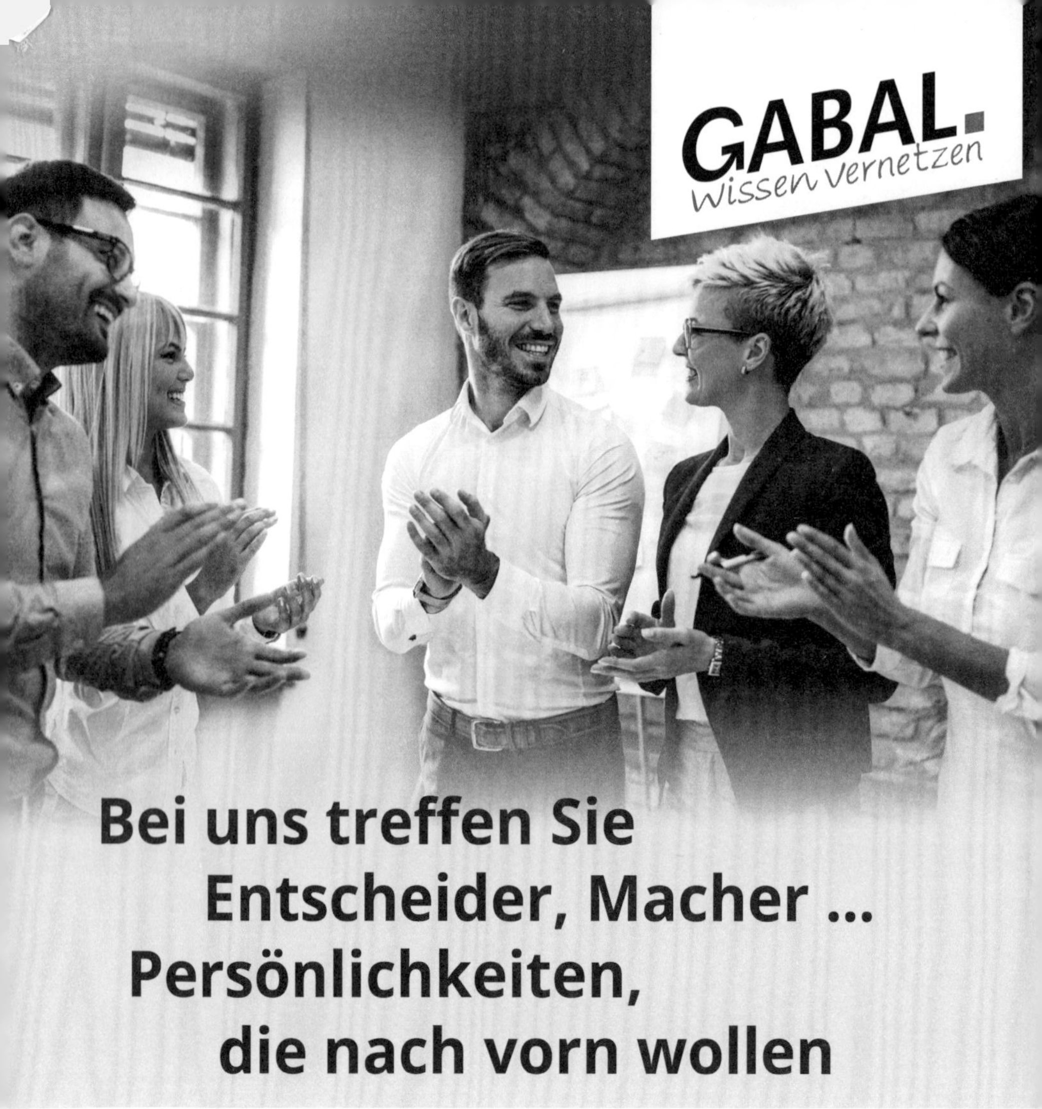